Les chiens d’arrêt

Connectez-vous sur :
www.lamartiniere.fr

ISBN : 2-8307-0578-5

Jean-Michel Lepeudry

photographies de
Dominique et Serge Simon

Les chiens d'arrêt

minerva

Sommaire

Avant-propos **6**

Les chiens d'arrêt britanniques **8**
Rapidité et spécialisation 10
Le Pointer 12
Le Setter anglais 18
Le Setter Gordon 26
Le Setter irlandais 32

Les chiens d'arrêt français **38**
Les charmes de la billebaude 40
L'Épagneul breton 42
L'Épagneul français 50
L'Épagneul picard
et le Bleu de Picardie 56
L'Épagneul de Pont-Audemer 60
Le Braque français 62
Le Braque d'Auvergne 66
Le Braque Saint-Germain 68
Le Braque du Bourbonnais 70

Les chiens d'arrêt allemands **72**
L'aptitude au dressage 74
Le Drahthaar 76
Le Braque allemand 82
Le Braque de Weimar 90
Le Pudel Pointer 94
L'Épagneul de Münster 96
Le Langhaar 98

Les autres chiens d'arrêt **100**
La différence à tout prix ? 102
Le Griffon Korthals 104
Le Braque hongrois 110
Le Braque italien 112
Le Spinone 114

Le dressage **116**
Dresser son chien en dix-sept leçons . 118
Assis 120
Le rappel 122
La marche en laisse 124
La passion avant toute leçon 126
Le « down » 128
L'arrêt 130
La peur du coup de feu 132
Le rapport forcé 134
Le rapport à l'eau 136
Les rapports difficiles 138
La quête croisée 140
Le coulé 142
Sage à l'envol 144
L'arrêt à patron 146
Pour ou contre
le collier de dressage 148
Punitions et récompenses 150
Parler à son chien 152

Conseils pratiques **154**
Vivre avec son chien 156
Faire le bon choix 158
Quelques conseils vétérinaires 166

Adresses utiles **173**
Les clubs de race français 173
Dresseurs de chiens d'arrêt 174

Index **177**

Avant-propos

Il est seul, il marche tranquillement. Autour de lui, la campagne s'éveille ; les premiers rayons du soleil illuminent doucement la brume qui flotte encore entre les labours et s'accroche aux haies. Au loin, le clocher égrène les neuf coups marquant le début d'une nouvelle saison de chasse. Tableau idyllique auquel il manque pourtant l'acteur principal, celui sans qui le chasseur n'est qu'un pauvre errant, un naufragé de la plaine. Que serait-il sans son chien d'arrêt ?

Inséparable du chasseur, le chien d'arrêt l'accompagne depuis le Moyen Âge. Aux bruyantes menées de plusieurs dizaines de chiens courants poursuivant les grands animaux dans d'impénétrables forêts, il répondit de sa petite musique douce et gaie, procurant au chasseur une joie tout autre, faite d'intimité et de communion avec la nature.

À l'époque, le chien d'arrêt était utilisé de deux façons différentes : il arrêtait les oiseaux sur lesquels fondaient ensuite les autours et faucons de chasse. Il indiquait aussi des compagnies de perdrix sur lesquelles le chasseur jetait un filet, enfermant d'un même geste le chien et le gibier.

Puis arrivèrent les armes à feu et, avec elles, une pratique de la chasse au petit gibier proche de celle que nous connaissons. Durant tout ce temps, les passionnés s'attachèrent à sélectionner, améliorer et même à créer des races de plus en plus efficaces. L'histoire de la cynophilie est avant tout celle d'une poignée d'hommes fous de chiens, leur ayant tout sacrifié. Ils furent les artisans d'un travail ingrat et aléatoire conduisant à l'élaboration de la multitude des races actuelles. Mais l'histoire ne s'est pas arrêtée.

Aujourd'hui, soumises à diverses influences, les races continuent d'évoluer fortement. Les conditions de chasse ont grandement changé en quelques décennies. La plaine n'est plus ce patchwork de petits champs et de haies regorgeant de gibier. La production intensive de céréales l'a transformée en un immense billard.

Le gibier, moins nombreux, subsiste néanmoins grâce aux efforts des chasseurs dans ces paysages. Mais le chien devra faire preuve de beaucoup plus de vitesse, de puissance olfactive et de décision pour arrêter des oiseaux dans ces conditions. Dans le même temps, la chasse au bois au chien d'arrêt a connu une expansion formidable, surtout depuis l'engouement généralisé pour la chasse de la bécasse. Là encore, les races s'adaptent à ces nouvelles conditions de travail. Enfin, les field-trials, qui président à la sélection des reproducteurs dans chaque race, modèlent depuis cinquante ans un type

de chien d'arrêt fin et rapide qui se retrouve maintenant dans l'apparence globale de l'ensemble du cheptel.

Le chien d'arrêt, c'est tout cela, une évolution passionnante, mais c'est aussi la vie au quotidien de millions de personnes en compagnie d'un animal auquel ils vouent toujours un attachement profond, qui fait un peu partie de la famille. Ce livre s'adresse d'abord à eux, à leur soif d'en connaître toujours plus sur le Braque ou le Setter qui les suit à la ville, mais qui les précède dans la nature. Car vivre avec un chien d'arrêt ne se résume pas aux quelques dizaines de jours de chasse. C'est un engagement pour dix ans au moins, qui prend la forme d'un véritable choix de mode de vie, d'une certaine philosophie.

Certes, il y a les poils sur la moquette, les sorties matin et soir, la gamelle à préparer ; mais il y a aussi les émotions d'un arrêt sur bécasse, les regards chargés de complicité, et cette confiance douce et rassurante qui fait qu'un chien, finalement, change la vie.

Jean-Michel Lepeudry

Les chiens d'arrêt britanniques

Rapidité et spécialisation

Pour comprendre la spécificité des chiens d'arrêt anglais, il convient d'abord d'appréhender les conditions dans lesquelles ils ont été mis au point et surtout le but que poursuivaient les cynophiles d'alors. La Grande-Bretagne est une terre de tradition. Le droit de chasse n'a pas connu, comme en France, une révolution le mettant à la portée de l'ensemble de la population. Ici, ce droit est lié à la possession de la terre, elle-même en grande partie régie par le droit d'aînesse, favorisant la conservation de grands domaines.

De tout temps donc, la chasse est restée au Royaume-Uni l'apanage des classes sociales dirigeantes, définies par la noblesse d'abord puis, plus récemment, par l'économie. Ces grandes familles nobles, libérées du souci d'améliorer l'ordinaire par un coup d'escopette sur un lapin, considèrent toujours la chasse au chien d'arrêt comme un sport. D'ailleurs, les chasseurs pratiquant ce mode de chasse se dénomment entre eux les *sportsmen*.

Sur des territoires variés, le plus souvent dans la moitié nord du pays, ceux-ci pratiquent depuis plusieurs siècles la recherche des perdrix grises dans les cultures et, surtout, des lagopèdes d'Écosse, les fameuses grouses, dans les landes de bruyère, à l'exclusion de tout autre gibier. Car la deuxième grande caractéristique des chasseurs britanniques est la spécialisation à l'extrême de leur mode de chasse. Il ne leur viendrait jamais à l'esprit de tirer un lapin ou un lièvre en chassant la perdrix. Nous sommes donc bien loin de la « billebaude » à la française ou de la polyvalence germanique. Non, définitivement, le *sportsman* anglais recherche à l'aide de chiens hyper-spécialisés un gibier choisi pour sa difficulté à être chassé et la possibilité qu'il donne au chien d'exprimer au mieux ses capacités. Dans ce sens, les Britanniques sont réellement des sportifs car ils placent l'acte de chasse du chien au-dessus de toute autre considération.

Et justement, ces chiens, qui sont-ils ? Pour les trois Setters, il s'agit vraisemblablement d'Épagneuls importés d'Espagne et de France, et utilisés pour chasser au filet. Le chien se couchait devant le gibier, permettant au chasseur de lancer un filet qui capturait souvent pêle-mêle chien et oiseaux. Pour le Pointer, il faut rechercher ses origines chez les vieux Braques continentaux d'Espagne encore, mais aussi du Portugal.

Ensuite, le génie britannique pour l'élevage fit le reste. Car à l'heure où, sur le continent européen, les règles d'élevage étaient pour la plupart balbutiantes et empiriques, les Anglais menaient déjà une sélection presque scientifique, en tout point comparable à celle que nous connaissons aujourd'hui. En cela, les *sportsmen* britanniques sont les véritables inventeurs de la cynophilie moderne pour les chiens d'arrêt.

De gauche à droite : l'irlandais, l'anglais et le Gordon, les trois Setters des îles Britanniques dans toute leur majesté.

le Pointer

S'il fallait résumer le chien d'arrêt à une seule race, ce serait incontestablement le Pointer qu'il faudrait choisir. Bien plus qu'un chien parmi d'autres, le Pointer est à la base de la conception moderne du chien d'arrêt. Il synthétise à lui seul l'ensemble des qualités que la plupart des chasseurs recherchent chez leur auxiliaire. Chien typiquement britannique, ses origines sont pourtant sur le continent, plus exactement sur la péninsule Ibérique. Là vivent encore des races anciennes de Braques, tel le Braque de Burgos ou le Perdiguero, qui servirent de base à la création de cette race aujourd'hui mondialement reconnue ; c'était il y a... trois cents ans !

« Le Pointer, de même que le cheval arabe, peut être considéré comme étant d'origine étrangère ; mais, entre les mains du *sportsman* anglais, il a atteint un degré de perfection qu'on pourrait vainement chercher dans les pays d'où il est originaire. » Ainsi tranchait la revue *Sportsman*, en 1836.

Remonter l'histoire du Pointer, c'est un peu remonter l'histoire de la cynophilie anglaise, dans ce qu'elle a pu avoir de génial au cours des XVIIIe et XIXe siècles.

Les Anglais ont un siècle d'avance

Il faut savoir qu'à la même époque, l'élevage et surtout la sélection des chiens couchants ou pointants n'existaient pratiquement pas, ou selon des concepts relevant davantage de la croyance que de la science. Les *sportsmen*, cynophiles-chasseurs anglais, eurent une démarche bien différente, que reprirent cent ans plus tard à leur compte les cynophiles allemands. Les Britanniques créèrent de toutes pièces une race qui répondait à leur besoin, en mélangeant un grand nombre de races n'ayant pas grand-chose à voir entre elles.

Le but était de chasser au chien d'arrêt les compagnies de grouses vivant au nord du pays, dans les landes de bruyère plus ou moins montagneuses. Pour ce faire, il fallait un chien ayant de grands moyens physiques, servi par un nez puissant, capable de courir des heures et de couvrir un terrain important, allant suffisamment vite pour « terrasser » les oiseaux sauvages sans leur laisser le temps de prendre un parti, arrêtant impeccablement.

Une alchimie audacieuse

Sur la base de vieux Braques continentaux, français, espagnols et portugais, on apporta du sang de Foxhound, le chien courant spécialisé dans la chasse du renard, ce qui permit de rendre le chien à la fois rapide et endurant. On ajouta aussi du sang de Lévrier pour le rendre encore plus rapide et l'alléger.

Ensuite, chaque *sportsman* travailla dans son coin à la sélection de ses propres lignées de chiens, en utilisant la consanguinité selon de savants principes que vint théoriser un livre, *Art to Improving the Breeds*, paru en 1809. L'auteur, Sir J. Sebright, y écrivait en guise d'introduction : « Si j'avais à définir ce qu'on appelle l'art de l'élevage, je dirais qu'il consiste en la sélection des mâles et des femelles destinés à

Le Pointer, roi de la plaine, ici... au bois ! Une hérésie d'un côté de la Manche, un must de l'autre.

Le Pointer, chien italien ?

Il semble bien qu'il faille aujourd'hui aller chercher les meilleurs Pointers sur le continent européen, en premier lieu en France et en Finlande, mais surtout en Italie. Et pour parler du Pointer en Italie, il faut d'abord citer Giuseppe Solaro, grand connaisseur italien qui osa, le premier, écrire un livre moderne sur le Pointer à la suite d'Arkwright.

Mais il faut également et surtout évoquer un éleveur exceptionnel, dont les produits sont à l'origine de la plupart des champions actuels : le docteur Guberti. Son affixe, « del Vento », se retrouve dans les pedigrees des plus grands chiens. Personnage étonnant, il faisait vivre tous ses chiens dans le même enclos, déclarant même dans un article de la revue *Chiens de chasse* de 1993 : « Mes plus gros problèmes sont les bagarres de chenil, car les chiens se tuent entre eux, mais cela représente pour moi une bonne sélection naturelle et les plus forts restent ! » On comprend que ses méthodes aient été controversées... Toutefois, force est de reconnaître qu'entre ses mains ou entre celles de grands dresseurs tels que l'Espagnol José Condado, ces chiens ont à peu près tout gagné en Europe.

reproduire ensemble d'après leurs qualités et défauts respectifs. » Songez qu'à cette époque, en dehors des chenils royaux des cours d'Europe continentale, la sélection des races d'Épagneuls et de Braques continentaux n'avait pas dépassé le stade de la limite géographique, finissant par créer une variété un peu distincte.

On retrouve ainsi, un peu partout en Grande-Bretagne, des nobles associant leur nom à une variété particulière de Pointer. Citons les Pointers noirs du duc d'Hamilton, en Écosse, heureux propriétaire d'un domaine de chasse difficilement imaginable aujourd'hui, puisqu'il s'agissait de l'ensemble de l'île d'Arran ! Mais il faudrait aussi en citer beaucoup d'autres, comme les Pointers citron et blanc de M. Whitehouse ou ceux du colonel Thornton. Pour tout dire, ces chiens étaient surtout ceux des gardes-chasses qui s'occupaient des chenils et dressaient à plein temps ces merveilleux compagnons.

Le nez à la fois puissant et fin du Pointer fait merveille au marais, lorsqu'il faut distinguer le délicat fumet de la bécassine au milieu de tant d'autres émanations.

Le premier field-trial

Puis, afin de pousser plus loin la sélection en comparant les vertus propres à chaque variété, le besoin se fit sentir de créer des épreuves officielles rassemblant l'ensemble des représentants de la race. La première exposition se tint à Newcastle-on-Tyne, en 1859. Très vite, les *sportsmen* se plaignirent de ce que

ces épreuves ne prenaient en compte que la beauté des sujets et négligeaient les capacités de chasse. Ils prirent donc l'initiative de créer des épreuves de travail. Les field-trials étaient nés. Le premier eut lieu à Bedford en 1865.

L'histoire du Pointer aurait pu continuer ainsi sur sa lancée, sans les spécialistes au premier rang desquels on trouve William Arkwright, auteur d'un livre faisant autorité sur le sujet, qui écrivait à la fin du XIXe siècle : « La dégénérescence du Pointer est une conséquence des méthodes du Kennel Club. Tous les gagnants d'expositions furent, sans aucune garantie de leur qualité de travail, admis gratuitement dans cette précieuse publication (le *Stud Book*) ». Il convient d'ajouter à cela la disparition d'une partie des grands domaines et de leurs élevages florissants, et l'isolement des Îles Britanniques qui, pour cause de quarantaine, ne purent profiter de la montée en puissance de l'élevage du Pointer en dehors de leurs frontières ni s'y mesurer.

Tout se joue sur le tapis vert

En France, sous la férule de Jean-Claude Darrigade, la race a aussi connu un fort développement, flirtant avec les trois mille naissances par an. Il est vrai que la région Centre recèle tout ce qu'il faut au Pointer pour s'exprimer pleinement : les grandes plaines céréalières où vivent les difficiles perdrix grises sauvages. C'est là, sur ce tapis vert des blés, que

s'affronte la fine fleur des Pointers européens dans les épreuves de field-trials de printemps. Le chien doit parcourir la plaine à grands lacets, trouver le couple de perdrix dans les blés ras et l'arrêter sans le faire voler.

Cela paraît simple, mais seuls les sujets les plus brillants, les plus rapides et en même temps les plus fins y parviennent. Quintessence de ces épreuves, la grande quête est le domaine des Pointers. Seuls quelques Setters parviennent à écorner cette domination. Il s'agit d'épreuves où le chien doit parcourir la plaine en la découpant en lacets s'étendant au moins à 300 mètres de chaque côté de son conducteur. Difficulté supplémentaire, il doit trouver le gibier avant l'autre chien, car la grande quête se court toujours en couple, opposant deux chiens sur le même parcours. De nombreuses voix s'élèvent d'ailleurs pour critiquer ces épreuves, arguant qu'elles s'éloignent trop de la chasse pratique dont les chasseurs ont besoin. À ceux-là, répondons que la grande quête est là pour sélectionner des sujets d'exception qui serviront ensuite à élever des chiens de chasse pétris de qualités. Qui peut le plus peut le moins, et un chien capable d'arrêter un couple de perdrix sauvages dans un champ de blé au printemps, à 300 mètres du chasseur, saura arrêter un faisan dans un champ de betteraves à 50 mètres de son maître. L'inverse n'est pas vrai. D'autre part, le Pointer a été créé pour chasser vite et loin. Si l'on n'apprécie pas cette démarche, mieux vaut se diriger vers une autre race. Il n'est rien de plus triste que de voir un Pointer chasser « dans les bottes ». Cette race est faite pour courir, servie par un galop d'une rare puissance et un nez immense. Là réside l'alchimie du Pointer. La vitesse n'est rien sans le grand nez. Il ne sert à rien de courir si c'est pour taper dans le gibier. Le Pointer, au galop, décèle de loin l'odeur du gibier. Avec une autorité incroyable, il remonte l'émanation tête haute, pour finalement terrasser sa proie dans un arrêt dominateur d'une rare violence, comme s'il heurtait une barrière en pleine course.

Cette formidable machine à chasser séduit d'ailleurs de nombreux chasseurs de par le monde. On le retrouve derrière les perdrix rouges de la garrigue du sud de l'Europe, dans les bosquets ronceux de Bretagne à la recherche de la bécasse, dans les marais derrière la difficile bécassine, ou dans les steppes du nord-ouest des États-Unis à la recherche des tétras. Bref, partout où il y a de la place et un gibier difficile, le Pointer est à son affaire. Les amateurs apprécient chez lui ce mélange d'efficacité redoutable et d'esthétisme pur, un peu comme dans une voiture de sport. En cela, le Pointer est bel et bien la Ferrari des chiens d'arrêt.

Puissant, rapide, spectaculaire, tel est le galop du Pointer, à nul autre pareil.

le Setter anglais

Peu de races ont eu, comme le Setter anglais, un destin lié à un nombre aussi restreint d'hommes. Jusqu'au début du XIXe siècle, l'élevage du Setter anglais resta l'apanage de quelques nobles, passionnés de chasse au chien d'arrêt. Ceux-ci étaient déjà de grands cynophiles et consignaient scrupuleusement les croisements qu'ils réalisaient dans leurs élevages personnels, constituant ainsi ce que l'on appela des « familles » d'élevage. La pratique de la consanguinité était de rigueur, et les différentes familles étaient ainsi très distinctes.

Laverack le révèle au monde

En 1825, Edward Laverack, orphelin et riche héritier, achète un couple de Setters anglais et se lance dans l'élevage. Après plus de cinquante ans de passion et un livre testament, *The Setter*, Laverack reste pour de nombreux chasseurs le véritable créateur du Setter anglais tel que nous le connaissons. C'est totalement faux. Ce qui est certain en revanche c'est que, par un travail acharné, ce passionné donna à cette race une renommée importante, d'abord en Grande-Bretagne puis dans le reste de l'Europe.

Llewellin, le chasseur visionnaire

Laverack aimait les chiens vigoureux, solides et très élégants. Plus habitué aux expositions canines naissantes qu'aux terrains de chasse, il s'attacha à développer un type de Setter particulier, fortement charpenté, avec des membres anguleux. À sa suite, Purcell Llewellin continua le travail d'élevage, mais en changeant un peu la méthode. Finie la consanguinité étroite de Laverack ; il apporta du sang neuf. De plus, face à la concurrence des Pointers qui régnaient en maîtres incontestés sur le terrain des premiers field-trials, il voulut améliorer les performances du Setter anglais, et en particulier sa rapidité. Les Setters Llewellin étaient plus légers, davantage dans le style des chiens qui gagnent actuellement sur le terrain des concours de travail européens.

Le temps de la maturité

À la mort de Llewellin, en 1925, les Setters avaient conquis l'Europe entière mais aussi l'Amérique. William Humphrey racheta l'élevage et continua cette œuvre, fixant définitivement la race par un fabuleux travail d'élevage, tout en ténacité. Toutefois, la divergence de vue entre Laverack et Llewellin a marqué durablement la race : les tenants du Setter d'exposition, essentiellement beau, et ceux du Setter de travail, essentiellement bon, finirent par former en Grande-Bretagne deux races de chiens distinctes. Cette voie fut également suivie aux États-Unis, où l'on continue à parler de Setter Llewellin ou Laverack. Il faut y ajouter le Setter Ryman, du nom d'un chasseur de Pennsylvanie, passionné de grouses et de bécasses, qui développa un type de chien adapté à la chasse pratique aux États-Unis. Mais le reste du continent européen, et en particulier la France et l'Italie, tentèrent toujours de produire des Setters à la fois beaux et bons, avec plus ou moins de bonheur.

Ce chiot craquant cache un tempérament de tueur, une véritable machine à chasser qui ne demande qu'à s'exprimer.

L'élégance en plus

C'est d'abord et avant tout son pelage qui attire l'œil. Le poil est plat et plutôt court sur le corps, il s'allonge pour former des soies derrière les membres, sous le ventre et la gorge, et de belles franges le long de la queue. Les différentes robes, toujours à base de blanc, ont donné naissance à des appellations particulières. Ainsi en est-il du type le plus courant actuellement, le blue belton, blanc et noir. Le lemon, blanc et orange, le dispute en fréquence au tricolore, noir, feu et blanc. Enfin, le dernier et aussi le moins fréquent, le leaver, est marron et blanc. Seuls ces quatre coloris sont acceptés.

Les méfaits de l'insularité

Comme nous l'avons vu, le Setter anglais est parti a la conquête du monde au début du XXe siècle, et surtout entre les deux guerres. La mode aidant, il est venu faire concurrence aux chiens locaux dans de nombreux pays. Mais il faut surtout avouer que les Anglais, de tout temps rompus à l'élevage de qualité, possédaient une longueur d'avance sur les chasseurs du continent européen. L'efficacité de leurs chiens enthousiasma de nombreux chasseurs, en particulier en France et en Italie. Dans ces deux pays, des élevages de qualité se développèrent tant et si bien que les chiens britanniques, Setters et Pointers, finirent par reléguer au second plan des races locales de chiens d'arrêt, entraînant même la disparition d'un certain nombre d'entre elles.

Dans le même temps, le Setter anglais rencontra des problèmes dans son pays. D'abord, le développement parallèle de deux élevages, l'un dédié à la beauté, l'autre au travail, entraîna une dérive de l'apparence du Setter de terrain. De plus, le peu d'éleveurs et de chasseurs pratiquant au chien d'arrêt ne favorisa pas la sélection sur un nombre important de sujets. Enfin, la quarantaine obligatoire (de six mois!) pour tout chien entrant au Royaume-Uni empêcha

Arrêt à patron d'un Setter lemon sur un blue belton lors d'une chasse à la bécasse, particulièrement prisée par les chasseurs français et italiens.

les Setters britanniques de se mesurer à leurs homologues nés en France et en Italie, et de profiter d'éventuels apports de sang intéressants. Ainsi, petit à petit, le Setter britannique a été dépassé par les chiens du continent; et on peut penser qu'il aurait du mal à remporter toutes les premières places s'il se mesurait à eux aujourd'hui.

Le Setter français... et italien

Ernest Bellecroix fut le premier à importer deux Setters en France, en 1879 : Lucy et Rack. Beaucoup d'autres ont ensuite pris le même chemin, formant la base de l'élevage national. Suivra la création du club et l'intervention décisive de présidents visionnaires, comme Bordereau, Resnier, Guillaumin ou, plus récemment, Jean-Marie Pilard, personnage charismatique et passionné qui fera énormément pour la race.

Il naît chaque année en France environ cinq mille Setters anglais inscrits au LOF (livre des origines français) ; dans le même temps, le livre des origines italien en enregistre dix-huit mille ! C'est dire si le Setter anglais a trouvé en Italie une terre qui lui convient parfaitement. Les Setters anglais venus d'Italie ont souvent pour eux la fougue, le style, et aussi un certain panache. Ce n'est pas un hasard si Almer, le seul chien qui ait été champion du monde de travail deux années consécutives, est un Setter anglais appartenant à un Français, dressé par un Français, et né... en Italie. Mais le plus grand Setter italien fut sans conteste Negus, symbole de la fin de la domination sans partage du Pointer dans le club très fermé des épreuves de grande quête, le Graal de la cynophilie.

Ailleurs dans le monde, le Setter n'est pas la race de chien d'arrêt la mieux représentée. Ainsi, aux États-Unis, le Braque allemand lui est souvent préféré. Une particularité à noter : le Setter anglais a été sélectionné en Amérique de façon à arrêter la queue dressée. C'est à cela que l'on reconnaît les chiens issus de l'élevage transatlantique. Le style est également particu-

Un félin fait chien

Dans son livre *Un style, une race : le Setter anglais,* Jean-Marie Pilard écrivait, en 1983, « Un Setter anglais est beau lorsque sa morphologie lui permet d'accomplir ce pour quoi il a été fait : chasser en félin. » La caractéristique première du Setter anglais réside effectivement dans son style de chasse. Le galop est proche du sol, souple et coulant, exempt de toute violence. La tête est portée dans le prolongement du dos et des reins, qui suivent une ligne imaginaire immobile. Tout cela donne à l'ensemble une apparente fluidité. Au contact de l'émanation, le Setter se rapproche encore du sol. C'est dans cette prise d'émanation et surtout dans la remontée de cette odeur de gibier qu'il mérite pleinement la comparaison avec un félin. Les membres se plient encore d'avantage, le rythme ralentit. Puis c'est l'arrêt, non pas dominateur comme chez le Pointer, mais couché ou semi-couché ; un peu comme un serpent hypnotisant sa proie.

Cette attitude, vraiment caractéristique, n'est partagée par aucune autre race, même les autres Setters. Elle est le fruit d'une morphologie particulière qu'il convient de détailler. S'il fallait résumer toutes les caractéristiques du Setter dans une seule partie de son corps, ce serait sans hésitation l'épaule. D'elle dépend son style de chasse si particulier. L'omoplate, longue, doit être inclinée à 50°. Mais surtout, l'os du bras, caractéristique unique chez les chiens d'arrêt, doit être plus long que l'avant-bras. C'est ce qui rapproche le corps du sol et donne l'attitude d'un chat approchant une souris.

lier puisqu'il fait la part belle à la vitesse et à l'amplitude de la quête. Là-bas, les juges de field-trials utilisent des chevaux pour suivre les chiens. Cela s'explique bien sûr par les vastes étendues du pays et le gibier qui y évolue.

L'efficacité aujourd'hui

Mais le Setter anglais doit surtout son succès aux chasseurs, qui l'utilisent chaque jour à la chasse. Face à la raréfaction du gibier et à la transformation des paysages vers toujours plus d'uniformité, le Setter a fait la preuve de sa terrible efficacité. Il est rapide, va loin pour trouver, possède un nez puissant, mais tempère tout cela par énormément de prudence. Toutes ces qualités font merveille sur les trop rares perdrix évoluant dans le décor lunaire des plaines labourées à perte de vue, mais aussi en montagne, derrière le farouche tétras, ou encore dans les marais, pour bloquer la si légère bécassine. Le développement de la chasse à la bécasse en a fait un spécialiste des sous-bois, lui qui était plutôt fait pour les grands espaces, preuve de sa formidable capacité d'adaptation. Aux États-Unis, c'est le roi de la chasse au colin dans les plaines céréalières du Middle West. En Grande-Bretagne, il reste avant tout un spécialiste de la grouse dans les *moors* d'Écosse, mais aussi de la perdrix dans des régions du Yorkshire.

Le Setter anglais a été conçu à l'origine pour ne pas rapporter, car les *sportsmen* anglais lui adjoignaient les services de retrievers. Les Européens, chasseurs continentaux soucieux de plus de polyvalence, lui apprirent avec succès cet exercice auquel il se livre avec docilité sinon avec panache. Mais sa grande spécialité reste la quête d'un oiseau difficile et rare dans des étendus hostiles. Ainsi, le Setter anglais a tout pour conquérir le cœur des amoureux du chien d'arrêt, soucieux d'efficacité mais aussi de la beauté du geste.

Les Britanniques ne font pas rapporter leurs chiens d'arrêt ; pour les chasseurs continentaux, c'est indispensable.

le Setter Gordon

Les veneurs utilisent pour la chasse une catégorie de chevaux bien particulière : le hunter, un cheval fait pour chasser des heures durant tout en collant le plus près possible à la meute. Très résistant tout en étant rapide, il est efficace avant d'être esthétique.

Tout en lui reflète cette résistance ainsi que la puissance et la capacité à se jouer des difficultés de terrain. Docile, il doit obéir parfaitement à son cavalier pour le tirer le cas échéant d'un mauvais pas. Rustique, il supportera sans broncher les pires intempéries. Dans leur grande sagesse, les rédacteurs du standard du Setter Gordon le comparèrent à un hunter, et c'est effectivement la réalité.

La naissance du Setter écossais remonte sans doute a la fin du XVIIIe siècle. Le duc de Gordon Castle possédait des Setters robustes avec lesquels il chassait dans les *moors* des Highlands, grandes étendues de bruyère semi-montagneuses servant de milieu de vie à la grouse. Ce lagopède, véritable relique glaciaire, est l'oiseau gibier emblématique de l'Écosse.

Le favori du duc de Gordon

La légende, telle que la rapporte Rodolphe Grassi dans *Le Grand livre des Setters*, veut que le duc ait croisé l'un de ses plus robustes Setters avec une chienne... Berger d'Écosse ! De leurs amours naquit une portée de Setters tricolores : blanc, noir et feu, des couleurs qui furent longtemps celles du Setter écossais, que l'on baptisa plus tard Gordon. Toujours selon Rodolphe Grassi, Edward Laverack, l'un des sélectionneurs du Setter anglais, rapporte du reste que le duc de Gordon, chez lequel il se rendait souvent, ne possédait que des Setters noir, blanc et feu.

La disparition du blanc dans la robe du Setter Gordon est plus récente. Pourtant, selon d'autres auteurs, le noir et feu est la couleur d'origine de ce chien, et la présence du blanc n'aurait été qu'un épisode consécutif à l'influence du sang de Setter anglais. D'ailleurs et pour en finir avec cette question du blanc, le Gordon peut parfois présenter de petites taches blanches aux pattes et au poitrail sans que cela soit éliminatoire, même si ce n'est pas recherché.

Un chien endurant

Le Setter Gordon est un chien bien charpenté, accusant sur la balance un poids voisin de 30 kilos pour une hauteur de 66 centimètres au garrot. Sa morphologie est très différente de celle des Setters irlandais ou anglais. Il possède un squelette plus important, des muscles plus ronds qui lui donnent une allure au galop dit « basculante », absolument proscrite chez les deux autres Setters. L'ensemble du chien, dans son apparence, dégage une grande noblesse, mais aussi beaucoup de sérénité. C'est un calme ; ce qui fit très longtemps dire de lui qu'il était le plus continental des chiens anglais.

De fait, le Setter Gordon se montre beaucoup moins rapide sur le terrain que ses homologues britanniques. Sa quête est aussi plus mesurée, les lacets sont plus serrés. Le

Rustique et endurant, le Setter Gordon n'en est pas moins un vrai chien britannique, rapide et chassant le nez haut.

chien ne s'éloigne pas du chasseur comme le font les autres chiens anglais. Quand d'autres chassent avec panache, il développe une quête méthodique, appliquée, que rien ne ralentira jusqu'au soir. Il laisse aux autres les grandes envolées, les émotions esthétiques incomparables et les arrêts cataleptiques en limite de sortie de main. C'est un artisan. Très prudent, et doté d'un nez souvent plus long que ses pattes, il décèle de loin la présence du gibier et l'approche avec d'infinies précautions. Le coulé n'est pas autoritaire mais tout en douceur. L'arrêt est calme.

Ce style inimitable peut plaire ou agacer. Certains loueront son absence d'esbroufe, son efficacité discrète, d'autres lui reprocheront un manque de style propre et une certaine nonchalance. C'est sans doute ce qui détourna de lui nombre de chasseurs de par le monde, qui lui préférèrent les Pointers ou Setters anglais. Pourtant, la prudence et la puissance olfactive du Gordon font de lui un chien parfait pour les gibiers délicats, comme la bécasse au cœur de l'hiver ou la difficile bécassine.

Plus droit que celui du Setter anglais, moins violent que celui du Pointer, l'arrêt du Gordon est classique.

De chasse ou de compagnie ?

Le Setter Gordon a connu une histoire quelque peu mouvementée. Face à son succès relatif auprès d'un nombre grandissant de chasseurs au XXe siècle, dans différents pays de nombreux éleveurs s'orientèrent vers un élevage uniquement destiné à produire des chiens d'exposition, faisant ensuite d'excellents chiens de compagnie. Il est vrai que la robe noire rehaussée de feu aux sourcils, sur les lèvres et à l'intérieur des pattes est du meilleur effet.

Le Gordon devint un chien de plus en plus lourd, accusant une différence très marquée avec les deux autres Setters. Pourtant, le standard de la race, lui, ne le mentionne pas. Ainsi,

le même poids, de 20 à 30 kilos, est valable pour les trois races. Mais alors que l'anglais et l'irlandais de travail flirtent souvent avec la limite inférieure, le Gordon, lui, tutoie la limite supérieure quasiment en permanence.

Aujourd'hui encore, il est intéressant de noter qu'à travers le monde de nombreux clubs de race connaissent cette dualité sans fin entre les tenants d'un chien beau avant tout, et ceux qui s'attachent à conserver ses qualités de travail. D'ailleurs, alors que la plupart des clubs de race possèdent un standard de travail, le Gordon, lui, n'en a pas.

La tentation de la vitesse

Ces problèmes poussèrent aussi certains éleveurs à utiliser de façon un peu inconsidérée des croisements avec le Setter anglais. Il est vrai que les juges de travail ne surent pas toujours apprécier la race pour ce qu'elle est, et lui reprochèrent à tort son manque de vitesse et d'amplitude face aux autres Setters. D'un autre côté, depuis fort longtemps de nombreux amateurs britanniques préconisaient d'alléger le Setter Gordon, à l'instar du pasteur Pearce, au milieu du XIXe siècle. Le débat déboucha durant une longue période sur la coexistence dans sa région d'origine de deux variétés distinctes, l'une plus lourde que l'autre.

L'apport trop fréquent de sang anglais donna au chien de la vitesse et de l'ouverture, mais elle menaça aussi les qualités mêmes de la race et ce pourquoi elle avait été créée. Ainsi, il fut donné de voir des Gordon ayant une forte angulation de l'épaule, courant près du sol, la ligne du dos droite et arrêtant couché alors qu'il doit le faire toujours debout.

Heureusement, cette dérive est aujourd'hui en passe d'être maîtrisée et le Setter Gordon redevient ce qu'il n'aurait jamais dû cesser d'être : un chasseur rustique sans pour autant être lent. Cette histoire a permis à la race de s'alléger un peu et de gagner en vitesse, tout en ne perdant rien des qualités qu'appréciait déjà le duc de Gordon. Il ne faut pas oublier que ce grand amateur avait volontairement alourdi ses Setters, devant la difficulté de terrain que présentait l'Écosse. Ses chiens étaient pourtant, comme tous les autres Setters de l'époque, rapides et capables de couvrir beaucoup de terrain.

Pour conclure, on peut citer le livre de J. Bliard, *Plein feu sur le Setter Gordon*, qui déclare : « Le meilleur Setter Gordon sera celui qui met tout en œuvre pour assouvir sa passion de la chasse et qui fera usage de toutes ses qualités, qui devront être très grandes. Il devra aussi avoir une excellente morphologie sans lourdeur, ni excès. Le Setter Gordon sera bon et beau partout, et non pas d'un point de vue seulement esthétique. »

Une seule race

Les Setters n'ont pas toujours été différenciés en trois races bien distinctes, comme c'est le cas aujourd'hui. Longtemps, chacun des *sportsmen* (amateurs de chiens d'arrêt en Grande-Bretagne) sélectionnait sa propre souche de Setters sans trop se soucier de telle ou telle race ; il opérait surtout en fonction du travail qu'il demanderait à son chien, que ce soit la chasse des perdrix grises du sud ou des grouses du nord. Tous ces chiens possédaient une robe à dominante blanche.

le Setter irlandais

C'était il y a quelques années, dans le comté de Roscommon, à l'ouest de l'Irlande. Le guide nous avait emmenés chasser pour la journée dans les bushs de la région, sous une pluie qu'une seule éclaircie était venu distraire. Sa petite Setter irlandaise avait fait merveille sur les bécassines et les bécasses pourtant peu accortes.

Devant une pinte de Smithwicks, aussi rousse que sa chienne, l'homme de l'art me confia sur le ton de la confidence : « Sais-tu que nous avons créé le Setter irlandais pour l'offrir aux anglais ? » Le moins que l'on puisse dire, c'est qu'Anglais et Irlandais ne sont pas connus pour être les meilleurs amis du monde ; ce que devait trahir ma mine incrédule devant sa déclaration pour le moins surprenante. « Oui, reprit-il, c'est le plus beau cadeau que nous pouvions leur faire. Ils sont d'abord séduits par la beauté de la robe acajou et acceptent le présent ; après seulement, ils découvrent le caractère... irlandais ! »

Un chasseur populaire et polyvalent

Dans la verte Irlande, la chasse a toujours été plus populaire, moins élitiste que chez les Britanniques. Les « petits » chasseurs n'avaient souvent que deux ou trois chiens. Ils opéraient, et opèrent encore, sur un terrain bien différent de l'uniformité des *moors* à grouses du Perthshire ou du Yorkshire. Les biotopes sont constitués de quelques landes de bruyère sur les collines où vivent de rares compagnies de grouses, de vallons encombrés de forêts primaires et denses où s'abritent des faisans très sauvages, de bushs d'ajoncs où se cachent des bécasses, de larges lacs bordés de roselières où s'ébattent des canards, et de *bogs* (anciennes exploitations de tourbe) où vermillent les bécassines.

Tous ces gibiers, très variés mais aussi très sauvages et donc relativement rares, les nemrods locaux les poursuivent avec un seul chien. Celui-ci se doit donc d'être courageux face aux difficultés du terrain, entreprenant pour conquérir un gibier sauvage et rusé, et persévérant devant la rareté des oiseaux. Voilà brossé le portrait du Setter irlandais : un chien chasseur, presque à l'excès.

Une histoire en blanc et rouge

On connaît finalement peu de chose de l'histoire du Setter irlandais, issu d'un élevage essentiellement populaire. Signalons toutefois que jusqu'au début du XIXe siècle, ces chiens avaient une apparence bien différente de celle que nous leur connaissons actuellement. Plus lourds, ils arboraient surtout une robe blanche et rouge, l'extrémité des poils étant noire, ce qui donnait, dit-on, des reflets violacés du plus bel effet ! Le premier élevage de « tout rouges » connu apparut vers 1810. Ils prirent ensuite une place grandissante, notamment grâce à des éleveurs comme George Gore ou le révérend Mahon de Castelgar. Le succès surtout esthétique de cette variété poussa vite un grand nombre d'éleveurs moins pointilleux à produire du « tout rouge » sans grand souci des

Attention, dilettante s'abstenir. Ce chien est un pur, qui ne supporte pas la tiédeur. Il faudra savoir se montrer aussi bon et passionné que lui.

La punition du séducteur

Durant toute l'histoire du Setter irlandais moderne, l'emprise de la mode fit des ravages et le chien porte sa robe flamboyante comme un véritable boulet, cause de tous ses maux. Deux élevages se développèrent, l'un soucieux de sélectionner de vrais chiens de travail, l'autre axé uniquement sur l'apparence physique. Arrivant sur le continent européen par l'intermédiaire des expositions de beauté au début du xxe siècle, il attira de nombreux chasseurs qui s'en détournèrent très vite, déçus par des chiens absolument incapables de chasser et véritablement déséquilibrés. Les Setters de travail existaient bien, mais ils restaient dans l'ombre de leurs gênants et trop visibles faux frères. De nos jours encore, le Setter rouge vit dans cette situation inconfortable de dualité, et ce malgré les efforts louables de passionnés du chien de travail.

qualités de chasse. Une consanguinité excessive fut à l'origine de déviances de caractère qui bâtirent vite la réputation de chien fou.

Oui, le bon Setter irlandais existe !

Le bon Setter irlandais, l'excellent même, n'est pas un mythe, contrairement à ce que déclarait au siècle dernier sir Edward Laverack, l'illustre monsieur « Setter anglais », assurant que l'irlandais était sans doute le meilleur chien de chasse lorsqu'il était de qualité, mais que malgré ses longues recherches il n'en avait jamais trouvé un qui réponde à cette description !

S'il ne fallait parler que d'un seul éleveur, ce serait incontestablement de John Nash, Irlandais passionné (en existe-t-il d'autres ?) qui éleva sous le nom de « Moanruad » des chiens fabuleux qui sont désormais sur tous les pedigrees des grands irlandais chassant de par le monde.

Le gourou Nash est mort en 1990, mais son esprit, sa religion du Setter rouge demeure. Ainsi, la revue *Chiens de chasse* rapporte ses propos dans un numéro de juillet 1990, lors d'un field qu'il était venu suivre en France, à Laversine, en avril 1988. Il s'exprimait alors sur une chienne nommée Astuce, appartenant à Pascal Bouée. « J'ai eu l'impression d'être à la maison lorsque j'ai vu cette chienne. En effet, chez moi, nombreux seraient les gens qui auraient dit : voilà une vraie chienne de chez John Nash, une taille trop petite, mais un admirable galop, un port de tête très haut et cette sorte de dos et de croupe qu'on trouve toujours chez un battant. »

Le « red and white » n'est pas courant sur le continent européen. Du reste, dans son pays d'origine, c'est surtout un chien d'exposition.

Aujourd'hui, un peu partout dans le monde, les éleveurs d'irlandais de travail tentent de poursuivre l'œuvre du maître. Rares sont les pedigrees où l'on ne retrouve pas plusieurs Moanruad.

De fait, contrairement à ce qui se pratique pour les autres races britanniques, les éleveurs de Setters irlandais de par le monde ont régulièrement recours aux importations de chiens venant d'Irlande, car le pays d'origine reste encore et pour longtemps le creuset où naissent des chiens définitivement chasseurs. On trouve ainsi des Setters «rouges» dans différents élevages de renom tels que La Radazerie ou La Chaume-Rigault, en France, ou bien encore Von Royal, en Allemagne.

Un seigneur trop rare

Voir un Setter irlandais au travail irrite ou enthousiasme, mais ne laisse jamais indifférent. Il fait tout de suite penser à un feu follet courant sur la lande, léger, aérien même, la tête résolument en l'air, en quête d'émanations furtives. Le galop est rapide, terriblement énergique; le chien montre immédiatement une formidable avidité, une passion peu commune.

Son arrêt, contrairement à celui du Setter anglais, est brutal, dominateur, sur le fil. D'ailleurs, les Setters irlandais eurent longtemps une réputation de mauvais arrêteurs en partie justifiée, mais que l'élevage a réussi à corriger.

Très à l'aise sur les terrains les plus difficiles, il domine son sujet en montagne comme dans les marais. Au bois, on lui fait souvent le reproche d'être invisible, se confondant parfaitement avec la couleur des sous-bois des taillis. On peut aussi regretter son caractère un peu difficile, à la fois têtu et sensible. Cette allégation en partie fondée est aussi, pour les amateurs, un atout supplémentaire de cette race qui se distingue des autres par un mental bien particulier. Là encore, on aime ou on déteste.

Le nombre restreint de Setters irlandais tient sans doute au formidable handicap que constitue l'élevage de beauté et ses ravages. Toutefois, il faut souligner le magnifique labeur des éleveurs pour produire des chiens de travail. Ils obtiennent de superbes résultats en field-trials, alors que la race compte des effectifs bien moindres que les autres variétés britanniques. Le Setter irlandais, chien passionné, est aussi un chien de passionné.

Le roi du Setter irlandais, John Nash, serait fier de voir ce superbe descendant de son élevage à l'arrêt dans les betteraves.

Les chiens d'arrêt français

les Charmes de la billebaude

Il n'existe sans doute pas un seul pays en Europe possédant une telle diversité de climats et de paysages que la France. Des plaines de la Beauce aux montagnes alpines, des garrigues provençales aux marais côtiers de la Manche, tous ces biotopes abritent des gibiers bien différents les uns des autres et des conditions de chasse très variables. Si l'on ajoute à cela l'attachement presque mystique des Français à leur région d'origine, on obtient pas moins de dix races de chiens d'arrêt différentes, chacune liée à un terroir. Et il n'y a pas si longtemps, le chiffre était plus élevé.

Depuis la fin du XVIIIe siècle, les chasseurs sont nombreux en France car, à la suite de la Révolution, le droit de chasse s'est ouvert à tous. Dans chaque terroir, ils améliorent l'ordinaire en allant traquer le petit gibier. C'est la billebaude, une chasse populaire qui consiste à parcourir le territoire de la commune à la recherche de gibier à poil ou à plume : une grive dans la haie, une perdrix dans un chaume, un lapin sur un talus, un lièvre dans un labour ou une bécasse dans un boqueteau. Le chasseur français est un opportuniste qui apprécie plus que tout cette chasse faite de diversité et de hasard. Son chien est comme lui, capable de trouver sur un territoire qu'il connaît tous les gibiers présents et de servir utilement son maître dans cette tâche.

La sélection s'est toujours faite d'abord par la proximité, des voisins mariant un chien et une chienne qu'ils jugeaient bons. C'est ainsi que des races régionales sont nées. Il ne s'agit en fait que de variations d'une même race, ou plutôt de deux, à l'origine de toutes les autres : l'Épagneul et le Braque. On retrouve la trace de ces deux chiens depuis des temps très reculés. L'Épagneul servait à chasser au filet, se couchant devant le gibier pour permettre sa capture, alors que le Braque servait à la chasse au vol, arrêtant le gibier qu'un oiseau de proie capturait ensuite. Épagneul et Braque français se déclinèrent ainsi en versions auvergnate, pyrénéenne, bretonne, normande...

Puis les chiens anglais arrivèrent. Ils étaient plus rapides, plus efficaces aussi, alors que dans le même temps le gibier se raréfiait. Faute de savoir évoluer, les vieilles races françaises périclitèrent. Face à ce phénomène, sous l'impulsion de cynophiles visionnaires, certaines races surent évoluer et s'adapter à la concurrence. C'est le cas notamment de l'Épagneul breton, devenu l'une des toutes premières races mondiales, et qui n'a rien à envier aux chiens d'arrêt britanniques ou allemands. D'autres, par contre, disparurent. Une troisième catégorie survit, avec des effectifs très faibles, séduisant encore un petit nombre de chasseurs épris d'originalité plus que d'efficacité car le nombre restreint de géniteurs ne permet pas une sélection sur des critères de qualités de chasse suffisantes.

Scène de billebaude en Provence, à la poursuite des perdrix rouges, avec un Épagneul breton. Une certaine idée de la liberté bien française.

l'Épagneul breton

Le plus vif, le plus malin, le plus rusé, le plus dynamique... Lorsqu'on évoque l'Épagneul breton, les qualificatifs élogieux fusent. Présent des États-Unis à la Russie, ce petit chien est l'une des races d'arrêteurs les plus répandues et les plus appréciées au monde. Quel chemin parcouru pour celui que l'on désignait avec un certain mépris comme « chien de ferme » il n'y a pas si longtemps. Remontons un peu dans le temps. Nous sommes en Bretagne, dans la seconde moitié du XIXe siècle. Les chasseurs anglais fortunés traversent alors régulièrement la Manche pour venir chasser la bécasse, le gibier d'eau ou la perdrix dans les magnifiques paysages de la péninsule Armoricaine. De ces voyages cynégétiques, certains rapportent des écrits décrivant un petit Épagneul de pays aux qualités de chasse exceptionnelles. Le révérend Davies est de ceux-là.

Certes, ce chien n'est pas le chasseur orthodoxe que sont les Pointers et Setters derrière les grouses. L'arrêt n'est que rarement au rendez-vous, et il se sert parfois lui-même lorsque le chasseur tarde quelque peu à tirer. Il montre

Spaniel ou Épagneul ?

Les avis sont partagés sur les origines de ce chien. Certains cynophiles et non des moindres, tel de Kermadec, affirmaient dans les années 1930 que les Spaniels gallois étaient à l'origine des Épagneuls bretons ; thèse que pourraient renforcer les nombreux échanges de part et d'autre du Channel au sein de la communauté celte. Pour d'autres, tel Munsch, l'apparition des Spaniels sur les îles Britanniques serait postérieure à celle des Épagneuls en Bretagne. La simple observation force toutefois à constater de grandes similitudes entre Épagneuls bretons et Spaniels dans la façon de travailler, en particulier l'aspect bondissant et très dynamique, mais aussi dans la morphologie.

en particulier une propension à attraper au gîte lièvres et lapins et à leur casser les reins ! Qu'importe, l'Épagneul fait preuve d'une ruse sans pareille pour mettre à l'essor des bécasses dans le dédale de ronces et d'épines de la lande, n'hésitant pas de temps en temps à donner de la voix.

Des mariages anglais

On raconte aussi que les chasseurs anglais venaient souvent accompagnés de leurs Setters et Spaniels, qu'ils ne pouvaient ramener outre-Manche à cause de la quarantaine drastique en vigueur en Grande-Bretagne. Ils les laissaient en pension dans des fermes bretonnes où les nobles chiens se reproduisirent sans honte avec les chiens de ferme locaux. L'histoire est sans doute en partie vraie, bien que des apports de sang britannique se firent probablement par la suite de façon plus volontaire, pour allonger et accélérer quelque peu la quête du breton tout en améliorant son nez. Toutefois, reconnaissons qu'à la différence d'autres cas, les éleveurs d'Épagneuls bretons surent conserver au travers de ces retrempes le caractère original de la race.

Le courage, la vivacité et, il faut bien employer le mot, l'intelligence de l'Épagneul breton en font un chien à part.

Il savait tout faire !

«Ce chien de dix-huit mois était un chasseur extraordinaire, pas classique, certes, mais tellement malin que malgré notre inexpérience et, disons-le, notre maladresse, nous n'arrivâmes pas à le gâter. Il trouvait le gibier comme pas un, on aurait dit qu'il le fabriquait; son arrêt sur les perdrix n'était pas très long mais il s'arrangeait pour les faire partir vers nous, il excellait sur les bécasses, rapportait à terre ou à l'eau, plongeait pour prendre les poules d'eau et les halbrans par série. Sur le poil, il arrêtait ferme mais au moindre mouvement du lièvre ou du lapin, celui-ci était saisi et avait les reins cassés; si le capucin s'échappait, il le menait à voix comme le meilleur briquet». Ainsi parlait J. Oberthur de son premier Épagneul breton, en... 1886! (cité par H. Bourdon dans la revue *Chiens de Chasse*).

Un club souvent hésitant

L'histoire récente de l'Épagneul breton est mieux connue. En 1907, les premiers passionnés de la race, messieurs Énaud, Mège, de Kermadec et quelques autres, créent en Bretagne le Club de l'Épagneul breton à queue courte naturelle. Le débat de la queue naturellement courte allait durer près de trente ans. Durant cette période, les chiens dont la queue avait été raccourcie à la naissance furent presque systématiquement écartés de la reproduction. Il fallut attendre 1932 pour voir le club accepter enfin que la queue soit coupée. Aujourd'hui encore, certains Épagneuls bretons naissent avec une queue courte, d'autres avec une queue longue.

Depuis le dépôt d'un standard en 1908, puis l'organisation des premières épreuves de travail juste avant la Première Guerre mondiale, l'histoire de l'Épagneul breton ne connut guère de pause malgré les deux conflits mondiaux. Pourtant, au cours de ces quelques dizaines d'années, les hésitations de ses promoteurs furent nombreuses. Ainsi, la question de la taille maximale déclencha des discussions passionnées, les uns voulant un petit chien, les autres un chien plus grand. On fixa donc une tolérance de près de cinq centimètres entre le maximum et le minimum. De même, la couleur noire fut longtemps exclue, considérée comme la preuve d'apport de sang britannique, alors que d'autres amateurs la jugeaient présente dès l'origine de la race.

Le petit paysan a conquis le monde, mais l'Épagneul breton sera toujours chez lui dans les landes de Bretagne, à chasser la difficile bécasse.

Aujourd'hui, l'Épagneul breton blanc et orange est le plus répandu, résultat, sans doute, de l'influence du sang de Setter lemon et de Pointer insufflé au cours de notre siècle. Ce ne fut pas toujours le cas. Longtemps, le blanc et marron domina. Signalons encore qu'outre le blanc et noir, le tricolore : blanc, noir et orange, ou blanc, marron et orange, est accepté. Toutes ces couleurs peuvent se retrouver dans des robes pies (les couleurs sont nettement séparées), de plus en plus rares, ou rouannées (les couleurs sont intimement mêlées).

Des éleveurs doués

Excepté l'action de quelques présidents visionnaires, au premier rang desquels l'irremplaçable monsieur Pouchain, le mérite de la saine évolution de l'Épagneul breton revient sans doute davantage aux éleveurs qu'aux clubs. Ceux-ci, pour une grande partie localisés en Bretagne, surent faire évoluer la race en fonction des impératifs d'utilisation des chasseurs, privilégiant l'efficacité face à un gibier toujours plus sauvage et difficile. Il est d'ailleurs impossible d'évoquer les éleveurs d'Épagneuls bretons sans citer la ville de Callac, véritable berceau de la race, abritant depuis plusieurs générations des dynasties d'éleveurs, telle la famille Bourdon et le fameux affixe «de Cornouaille». Il faudrait aussi en nommer d'autres, tels les Morin et l'affixe «de Keranlouan». Résumer l'élevage de l'Épagneul breton à la ville de Callac serait pourtant une erreur. Plus à l'est, fort loin du berceau d'origine de la race, des dresseurs s'illustrèrent brillamment, plus récemment il est vrai. Ainsi monsieur Harduin, installé dans la Somme (Les Bois de Vauchelles) ou monsieur Marchand et son célèbre «de Saint-Tugen», et d'autres encore, tels messieurs Provost, Joncour, Deprez, etc. Tous contribuèrent à faire de ce rustique chien de ferme une formidable machine à chasser.

Un bâton de dynamite

Car aujourd'hui, sur le terrain, l'Épagneul breton est devenu un chasseur redoutablement efficace, ne ressemblant à aucun autre chien d'arrêt. Une fois la laisse retirée, c'est un véritable bâton de dynamite qui part à la recherche du gibier. Le trot des autres chiens français est abandonné depuis longtemps. Un galop roulant et rapide a pris sa place. La tête est portée haute, avide d'émanations. La quête s'étend largement, le chien domine son territoire et prend possession de toute la place. Rapide, il sait rétrécir ses lacets lorsque le terrain devient plus fermé. La quête se densifie

Dresser un chien bécassier

Pour dresser un chien bécassier, le problème réside dans la rareté du gibier. En effet, il est impossible de lâcher une dizaine de bécasses à chaque séance de dressage pour mettre le chien en présence. Une fois que la base de l'obéissance est obtenue, le seul moyen consiste à sortir le chien le plus souvent possible durant la période favorable, et d'espérer que le hasard et l'instinct de chasse finiront par créer les rencontres entre le chien et l'oiseau. Ensuite, l'expérience fera le reste. On peut tout au plus, sans en abuser, faire chasser le débutant avec un chien confirmé qui montrera les premiers oiseaux à son élève. Toutefois, avoir trop souvent recours à ce stratagème pousserait le jeune chien à se reposer entièrement sur l'aîné, donc à ne pas progresser. Dernier point : un chien à bécasse a l'âge du nombre de ses sorties, et seule une expérience d'une centaine de sorties en fera un chien au sommet de son art.

alors. Une fois l'émanation trouvée, la remontée est énergique, sans hésitation. L'arrêt, debout, terrasse le gibier. Le rapport est souvent naturel et de grande qualité.

Pourtant, tout cela n'aurait sans doute pas été suffisant pour faire le succès de l'Épagneul breton. Il fallait quelque chose de plus : l'intelligence. C'est vrai, le mot dérange de nombreuses personnes lorsqu'il désigne un chien. Et pourtant, force est de constater que la moyenne des Épagneuls bretons est capable de faire preuve sur le terrain d'un esprit d'initiative qui laisse pantois et qu'il est difficile de désigner autrement. La littérature cynégétique est remplie de récits en témoignant : Épagneuls rompant l'arrêt pour aller chercher leur maître et revenir ensuite reprendre l'arrêt ; ou tel autre, capable de rompre son arrêt pour faire décoller l'oiseau dans la direction du fusil ; ou encore cet autre qui agitait la tête pour faire tinter sa cloche et signaler sa position à l'arrêt à son maître qui le cherchait.

Le contact régulier avec un gibier rusé comme la bécasse et un biotope difficile comme la lande de Bretagne explique sans doute en partie ces qualités. Les chasseurs, face à ces difficultés inconnues dans les autres régions, sélectionnèrent inconsciemment les chiens les plus aptes à prendre des initiatives inutiles ailleurs, contribuant ainsi à fixer un caractère unique. En cela, l'Épagneul breton est bien le produit parfaitement réussi d'un biotope et d'un gibier, véritable résumé de tout l'esprit cynophile des chasseurs français.

Le réflexe de l'arrêt à vue de ce chiot breton de deux mois et demi fait rêver à des exploits futurs.

l'Épagneul français

Est-il d'origine espagnole ou arabe ? Certains cynophiles soutiennent en effet que l'Épagneul français serait d'origine espagnole et que ses premiers utilisateurs le désignaient sous le vocable d'« espagnol », ce qui aurait donné par la suite, avec les déformations dues au temps, le mot Épagneul. Pour séduisante qu'elle soit linguistiquement, cette explication trouve aussi ses détracteurs.

Ainsi, Pierrick Le Louarn, dans son livre *Les Épagneuls de France*, indique que le mot Épagneul viendrait plutôt du vieux français « s'espaigner », signifiant littéralement « s'abaisser sur le sol ». Au crédit de cette hypothèse, on trouve l'utilisation que l'on faisait alors du chien d'arrêt, dénommé alors chien couchant. Celui-ci, sitôt le gibier trouvé, se mettait à l'arrêt en se couchant pour permettre au chasseur de lancer le filet (on disait alors des « rets ») qui capturait à la fois la proie et le chien. Du mot « rets » viendrait aussi la désignation de chien d'arrêt, qui aurait été à l'origine « chien de rets ».

Pour les tenants de cette version, l'Épagneul français serait en réalité originaire d'Arabie. Peu après l'an mil, les seigneurs européens qui partirent en croisade emmenèrent avec eux des chiens de chasse du type Braque. Sur place, ces chiens se croisèrent avec des Lévriers arabes, qui portaient alors tous une toison de poil long comme l'Afghan actuel. De ces croisements naquit un chien plus léger que les Braques d'alors, portant un poil moyennement long et possédant la faculté de se coucher face au gibier comme le faisaient alors les Braques couchants, aujourd'hui disparus. Ces différentes thèses sur les origines de l'Épagneul français prouvent au moins une chose : nous sommes là en présence de l'une des races de chiens d'arrêt les plus anciennes au monde.

Un succès précoce

Alors que toutes les races n'en étaient encore qu'à leurs balbutiements, l'Épagneul français, lui, se taillait déjà un franc succès chez les nobles passionnés de chasse au petit gibier. Il fut ainsi utilisé durant toute la Renaissance comme chien d'Oysel, c'est-à-dire auxiliaire de la chasse au vol à l'aide d'oiseaux de proie. Il s'agit pour le chien d'arrêter une proie, et de laisser ensuite le chasseur lever le gibier qui sera prestement lié par un autour ou, plus violemment, percuté par un faucon.

L'avènement de la chasse à tir, avec l'invention du célèbre fusil Lefaucheux, renforça encore ce succès. Durant tout le XVIIIe siècle, tous les chasseurs de petit gibier utilisèrent peu ou prou un Épagneul français. Le chien n'était alors pas très éloigné de celui que l'on connaissait deux siècles plus tôt. Par contre, il était très différent de celui que nous connaissons aujourd'hui. Plus lourd, plus massif, il était aussi plus lent. L'abondance de gibier n'imposait pas au chien des capacités extraordinaires pour éviter à son maître de chasseur de rentrer bredouille. La démocratisation de la chasse, après la Révolution française, fit littéralement exploser les effectifs d'Épagneuls,

Un Épagneul français au rapport d'une perdrix grise dans les plaines du Bassin parisien, un jour glorieux d'ouverture, en septembre.

chacun voulant le sien. Cela se fit malheureusement aux dépends de la qualité car l'élevage devint véritablement anarchique. Néanmoins, l'Épagneul français resta dans le peloton de tête des chiens les plus utilisés durant tout le XIXe siècle.

Mariages franco-anglais

Comme beaucoup d'autres races continentales, l'Épagneul français eut à souffrir de la concurrence de plus en plus serrée des races britanniques et de la séduction qu'elles opéraient sur nos chasseurs. Lorsque l'abbé Fournier fonda, en 1920, le club de l'Épagneul français, la race était en triste état. Il travailla pendant près de dix ans et mourut en ayant pour ainsi dire sauvé la race. Ses dignes successeurs suivirent l'exemple, établirent un standard, et se fixèrent des règles de sélection plus strictes, comme la limitation à la seule couleur marron sur blanc de la robe. Depuis la fin de la Deuxième Guerre mondiale, les effectifs restent dans l'ensemble stables.

Récemment, de nombreuses polémiques secouèrent le club de race. Il existait en son sein deux tendances, qui perdurent en partie. Il y avait d'abord les défenseurs farouches d'un type d'Épagneul proche des origines, très charpenté, à la tête forte, aux allures nobles et à la quête restreinte. En face, se trouvaient les éleveurs qui désiraient ardemment moderniser leur chien en l'allégeant et en le rendant plus rapide, avec une quête plus ample. Ils pratiquèrent donc des retrempes à l'aide de Setters anglais et, dans une moindre mesure il est vrai, d'Épagneuls bretons. Ces apports de sang se firent d'abord sous le manteau, n'ayant pas l'assentiment du club. À cette occasion, certaines dérives eurent lieu et l'on parla alors parfois d'« Épagneul anglais » ou de « Setter français ». Dans l'ensemble toutefois, il fallut bien admettre que ces chiens, hors les excès, correspondaient mieux aux conditions de chasse actuelles sur du gibier rare et difficile, dans une plaine beaucoup moins fermée. Certains chiens se hissèrent même sur les plus hautes marches des podiums ; gagnant par exemple un titre de vice-champion du monde de gibier tiré. Aujourd'hui, le club a finalement entériné ces évolutions, même si les débats restent vifs en son sein sur ce délicat

Mariages mixtes

C'est un cynophile anglais qui, le premier, décrivit l'Épagneul français. En 1866, James de Coninck, que ses origines anglo-saxonnes ne prédisposaient pas à diriger la très puissante Réunion des amateurs de chiens d'arrêt français, écrivait à propos de ce chien : « Un grand et superbe chien à la tête carrée ». C'est du reste à peu près à la même époque que des chasseurs anglais vinrent régulièrement pratiquer leur passion en France, le long de la Manche. Ils y venaient avec leurs chiens, qu'ils laissaient ensuite en pension sur place. Croisé avec les différentes races britanniques (Springer, Irish Water Spaniel, Setters anglais et Gordon), l'Épagneul français donna naissance à toutes les variétés d'Épagneuls connues aujourd'hui.

sujet. La question peut d'ailleurs être reprise pour de nombreuses autres races, connaissant aussi le débat des anciens contre les modernes, tiraillés entre l'envie de conserver intactes les origines du chien et risquer de le voir disparaître, ou tenter de s'adapter, et risquer de perdre l'originalité de la race.

Beau et assez bon

Sur le terrain, l'Épagneul français est un chien élégant, chassant au petit trot, la tête le plus souvent haute. La prise d'émanation est franche mais l'arrêt n'est pas aussi violent que pour les races britanniques.

Dans l'ensemble, l'Épagneul français reste un continental moins «modernisé» que l'Épagneul breton ou le Braque allemand, plus fidèle à ce qu'était la façon de chasser des chiens français des années 1960. Le dressage demande un certain tact, car les sujets sensibles sont fréquents. Le rapport est par contre souvent naturel et de grande qualité. De même, la quête très méthodique, alliée à une robe claire, fait merveille dans les territoires très fermés de certaines régions qui accueillent des bécasses. Bref, l'Épagneul français reste un chien de chasse pratique idéal pour le chasseur désirant un chien à la fois élégant et efficace.

Un noble port de tête, une allure majestueuse, l'Épagneul français est un chien noble et sûr de lui.

l'Épagneul picard et le Bleu de Picardie

C'était un petit matin brumeux comme seuls savent en offrir les marais de la Somme. Dans l'eau glacée de cette fin décembre, le chien avançait en repoussant les roseaux jaillissant du talus inondé. Soudain, il se figea. Devant lui, un couple de sarcelles bondit hors de l'eau, telles des fusées montant droit dans le ciel. Le coup de feu cassa l'élan de la première, qui retomba dans un grand bruit de feuilles froissées et d'éclaboussures. Sous la dent ferme et douce du chien, le petit canard révéla les couleurs chatoyantes de son plumage mature. Une lueur s'alluma dans l'œil de l'Épagneul picard.

Un chien dur pour un pays dur

Il fallait aux chasseurs picards un chien robuste, capable de chasser pendant des heures dans les eaux froides de l'hiver. La quête méthodique, mais, tout aussi important, le rapport sans faille étaient impératifs. L'endurance permettait à nombre de chasseurs professionnels de sortir chaque jour tirer les canards qu'ils revendaient ensuite à la ville. Pendant les affûts, lors des passées du matin et du soir, le chien devait rester immobile des heures durant, dans le frimas et parfois assis dans l'eau, à attendre un hypothétique gibier. Les Picards de la Somme sont des hommes durs comme leur pays ; ils créèrent l'Épagneul picard à leur image.

Comme tous les chiens de terroir de France, il s'agissait avant tout d'un Épagneul français qui, par sélections successives dans une même région, finit par donner naissance à une variété distincte, puis à une véritable race.

L'Épagneul picard est un chien bien charpenté, relativement important (de 55 à 60 cm au garrot), doté de membres puissants. Le crâne est bien rond, les yeux couleur d'ambre offrent un regard doux et serein. Le poil est légèrement ondulé sur le corps, plus fin sur la tête. La robe est d'un gris moucheté, avec d'importantes taches marron et parfois des marques feu à la tête et aux pattes.

Une quête méthodique

Sur le terrain, l'Épagneul picard se révèle être un véritable chien de terroir français, à l'allure modérée et à la quête peu ample. Il explore méthodiquement le terrain à son rythme, sans jamais aucune fatigue apparente, capable de tenir des heures entières le même train. Le rapport est le plus souvent naturel et de grande qualité. Ayant de plus un goût prononcé pour l'eau, le picard constitue assurément l'auxiliaire

Le rare et élégant Bleu de Picardie, à la robe aux incroyables reflets… bleus. La tête trahit l'apport de sang de Setter Gordon.

Le chien de la baie

Qui ne connaît pas la baie de Somme aura bien du mal à se faire une idée précise des capacités de l'Épagneul picard. Cet immense estuaire, ouvert sur la Manche, est l'un des hauts lieux de la chasse au gibier d'eau. Canards de toutes sortes, oies, bécassines ou sarcelles y font chaque année une halte sur le chemin de leur migration automnale. Le climat y est rude et l'eau omniprésente, des marais de l'arrière-pays jusqu'aux bancs de vase de la baie, en passant par les molières, ces étendues enherbées recouvertes par la mer lors des grandes marées. Les chasseurs y pratiquent depuis toujours une chasse rude, essentiellement sur le gibier migrateur. L'Épagneul picard est né des besoins de ces chasseurs.

L'Épagneul picard, chez lui, dans la plaine de la Somme, saura faire bonne figure face aux perdrix bénéficiant encore d'une plaine pas trop arasée.

parfait du chasseur de gibier d'eau. En plaine, il aura besoin d'un biotope relativement fermé pour donner le meilleur de lui-même. Les grandes étendues sans haies ne sont pas pour lui. C'est sans doute pour cette raison que les années 1960 le virent rapidement décliner au profit d'autres races, plus adaptées à la mutation des plaines agricoles soumises à un remembrement important. Heureusement, il resta toujours chez les sauvaginiers de la Somme un réservoir de chiens pour sauver la race de l'extinction et lui permettre de redémarrer avec un patrimoine génétique suffisant.

Le Bleu de Picardie : en sursis ?

Ce ne fut malheureusement pas le cas de l'Épagneul bleu de Picardie, un proche parent de l'Épagneul picard. À la fin du siècle dernier, comme dans de nombreuses autres régions des bords de Manche, des chasseurs britanniques fortunés traversaient le Channel pour venir chasser dans la Somme, et profiter ainsi de la formidable variété de gibiers et de biotopes plus préservés que les leurs. Ils venaient avec leurs chiens et, la quarantaine en vigueur sur les îles Britanniques ne leur permettant pas de les ramener, les laissaient en pension dans des fermes picardes. Sur place, ces nobles chiens (Setters Gordon et anglais) se croisèrent avec les rustiques Épagneuls locaux et finirent par donner naissance à une variété différente d'Épagneul picard : le Bleu de Picardie.

Demi-sang, le Bleu de Picardie acquit de ses origines anglaises une vitesse et une amplitude de quête plus importantes que celles de l'Épagneul picard. De ce fait, on l'utilisa plus volontiers en plaine, dans les champs de betteraves de l'arrière-pays, laissant à l'Épagneul picard la primauté de la chasse au gibier d'eau dans la baie. Le Bleu de Picardie est cependant aussi apte que son ancêtre local à chasser la sauvagine. Du reste, la ressemblance entre ces deux grands Épagneuls est frappante. Ils diffèrent toutefois par la couleur de robe, mouchetée et uniquement noir et blanc chez le Bleu de Picardie.

Agathe, un phénomène

« Elle a commencé les fields par hasard », dit avec nostalgie le dresseur Roger Cathala qui eut la chance de conduire cette petite chienne hors normes. « Dans un parcours irréprochable, elle prit un arrêt sur faisan. Après l'envol et la chute de l'oiseau, elle s'est assise, m'a regardé, je dirais avec amour, et je pouvais lire dans ses yeux : tu as gagné ! »

Ainsi a débuté la brillante carrière d'Agathe. Entre 1988 et 1990, cette Épagneule picarde cumula les titres de championne de quête à la française, championne de gibier tiré, championne de quête de chasse, championne du monde de gibier tiré par équipe et, pour terminer en beauté, championne de conformité au standard ; rien que ça...

Moins bien implanté que l'Épagneul picard, le Bleu de Picardie ne survécut pas à la guerre, à l'exception de quelques sujets trop rares pour permettre un redémarrage. Il dut être recréé à peu près de toutes pièces. Son standard ne date que de 1987 et il est difficile de dire aujourd'hui si les Bleus de Picardie actuels ressemblent à ceux d'il y a quatre-vingts ans. Mais cela a-t-il réellement une importance ?

Un robuste picard

L'Épagneul picard est un parent très proche de l'Épagneul français, avec lequel il partage la particularité de n'avoir été sélectionné qu'à partir de souches françaises. Sont réel promoteur fut M. Rattel, qui en présenta quelques exemplaires en exposition dès 1904, au milieu de ses Épagneuls français. La race fut reconnue comme distincte en 1908.

l'Épagneul de Pont-Audemer

Nous sommes dans le marais Vernier, dans l'estuaire de la Seine, à la fin du XIXe siècle. Le vent du nord et le froid règnent sur ces immensités marécageuses. Cela ne rebute pourtant pas les chasseurs du cru, qui reviennent vers les chaumières à colombages le carnier rempli de canards.

À leurs côtés, un petit chien clownesque gambade joyeusement. En approchant, on distingue un poil bourru et frisé de couleur marron et blanc, recouvrant un corps trapu et solide. La tête est surmontée d'un toupet frisé. Depuis qu'un représentant de la race a gagné le premier prix à l'exposition canine de Paris, en 1887, les éleveurs chasseurs de cette région de Normandie sont encore un peu plus fiers de leur race : l'Épagneul de Pont-Audemer.

Des dizaines d'éleveurs normands

Ils étaient alors plusieurs dizaines d'éleveurs en Haute-Normandie, sur les bords de la Seine et de la Risle. Malheureusement, ce petit Épagneul de pays – sûrement issu de croisement avec les spaniels de chasseurs anglais ayant traversé le Channel avec armes, bagages et chiens pour tirer la sauvagine en Normandie – allait subir de plein fouet les deux conflits mondiaux. Les effectifs de l'Épagneul de Pont-Audemer chutèrent inexorablement devant la concurrence d'autres races, et aussi la raréfaction des marais côtiers qui constituaient son terrain de prédilection.

Pourtant, aux dires de ceux qui le connurent à la grande époque, il était pétri de qualités. Rustique, endurant, courageux, il ne craignait ni l'eau glacée, ni le froid de l'hiver, ni le coupant des roselières. Au sortir de la Deuxième Guerre mondiale, la race a virtuellement disparu. Il reste bien quelques sujets, dans quelques arrière-cours de ferme de leur région d'origine, mais en nombre notoirement insuffisant pour redémarrer.

Certains éleveurs, de bonne foi ou en mal d'originalité, tenteront de recréer la race. Un peu d'Épagneul picard (lui-même largement « soutenu » par le Setter Gordon), un peu d'Irish Water Spaniel (c'est sans doute à cause de lui que le Pont-Audemer arrête si mal) et quelques autres apports, moins avouables encore, vont permettre de faire naître quelques chiens ayant l'apparence supposée des Pont-Audemer. Mais en ont-ils les qualités originelles ? Il est possible d'en douter.

Un avenir incertain

Depuis plusieurs années, la race végète, preuve irréfutable que les chasseurs se sont détournés d'elle. La petite poignée de naissances annuelles ne permettra pas de relancer la race, et, à part deux ou trois éleveurs, qui en a réellement envie ? Ce demi-broussailleur, demi-chien d'arrêt a-t-il encore son utilité aujourd'hui ? Faut-il à tout prix tenter de sauver une race que les chasseurs ont condamnée en s'en détournant ? N'y a-til pas pour eux, se réclamant des lois de la nature, nécessité de respecter cette sélection « naturelle » ?

Combien sont-ils encore, ces étonnants Épagneuls de Pont-Audemer, à la « bille » de clown ? Une curiosité cynophile en quelque sorte.

le Braque français

Loués partout dans le monde, les paysages de la campagne française sont tout en douceur, en modération et en mesure. Leur beauté discrète tient du subtil mélange de plaines, de bois et de rivières, le tout sertissant de charmants villages. Le Braque français est un peu à cette image.

Issu des contreforts des Pyrénées, il reçut au milieu du XIXe siècle l'appellation de « français », tant il était répandu, mais aussi à l'origine de l'ensemble des autres races de Braques du pays. Mais ne nous y trompons pas, c'est bien dans le Sud-Ouest qu'il trouve ses racines. Au commencement, il s'agissait d'un chien de très grande taille, très charpenté, lourd, dégageant une forte impression de puissance. La tête était massive, la babine tombante et les oreilles longues. C'est ainsi que l'on aimait alors les chiens de chasse.

D'une race, en faire deux !

Pondéré, calme dans ses allures comme dans sa façon de chasser, le Braque était le chien des chasseurs désirant tout à la fois traquer la caille par les chaudes journées d'août, la perdrix dans le piémont, ou le grand tétras dans les montagnes. La prudence et la souplesse le caractérisaient alors, ainsi qu'une résistance légendaire à l'effort et à la chaleur. En fait, ce beau Braque marron et blanc avait tout pour satisfaire le chasseur du tournant du siècle au sud de la Loire. Cela ne suffit pourtant pas et l'attrait pour les races étrangères précipita un lent déclin de ce vieux Braque de terroir. Il aurait probablement disparu sans l'action conjuguée de deux hommes, messieurs Castets et Senac-Lagrange, qui surent relancer la race entre les deux guerres en imaginant une solution unique dans le monde du chien d'arrêt : d'une race, en faire deux.

Puisque le Braque français n'intéressait plus les chasseurs d'alors, qui lui reprochaient d'être lourd et trop lent, il fallait le moderniser. Mais plutôt que de faire disparaître le type originel, ils imaginèrent de créer deux types de Braques français. Le premier, dit de type Gascogne, constituerait en quelque sorte le conservatoire de la race ; il resterait proche du modèle initial. Le second, dit de type Pyrénées, serait allégé, deviendrait plus rapide, plus sportif, bref, plus moderne. Grâce au dynamisme du club, ce pari se révéla payant et, après quelques apports de sang étranger bien maîtrisés, le Braque français de type Pyrénées renoua avec le succès. Il est d'ailleurs à noter que le mariage des deux variétés de Braques entre elles reste interdit depuis le début, favorisant ainsi la différenciation.

Ni un allemand, ni un anglais

Pourtant, ce chien rapide, dynamique tout en restant bien équilibré, n'est ni un Braque allemand ni un Pointer. Il diffère du premier par un caractère beaucoup moins dur, plus souple et même, disent certains, un peu sensible, alors que le Braque allemand fut longtemps sélectionné notamment sur la dureté de son caractère. Du second, il diffère par un

Le Braque français de type Gascogne, massif et serein : une relique de la chasse du Moyen Âge qui reste aujourd'hui une curiosité.

L'aïeul du Pointer

Le Braque obtint les faveurs des têtes couronnées, ce qui lui valut d'être dénommé «Braque Charles X». Son origine est sans doute la même que celle du Braque de Burgos (espagnol) ou du Braque portugais, tous vénérables chiens d'Oysel du Moyen Âge, qui donnèrent naissance plus tard à des races prestigieuses. Les seigneurs d'autrefois chassaient avec ces chiens le petit gibier au moyen d'oiseaux de proie, mais aussi de filets qu'ils lançaient devant le chien à l'arrêt, l'enfermant en même temps que les oiseaux visés. Les *sportsmen* anglais, voulant créer LE chien d'arrêt, se servirent très largement de ces Braques continentaux pour mettre au point le Pointer.

style de chasse moins rapide et étendu, un comportement plus pondéré et une adaptabilité plus grande. En réalité, bien qu'on reproche souvent au Braque français d'avoir été chercher un peu trop de sang outre-Manche ou outre-Rhin, il a su garder son caractère propre et typiquement... français.

Aujourd'hui, le type Gascogne s'est lui aussi modernisé, à son rythme et en restant toujours un Braque de type traditionnel. Il s'est un peu allégé, sa peau s'est tendue et sa taille est moins rebutante pour une maîtresse de maison soucieuse de son intérieur! La différence entre les deux chiens reste toutefois très marquée, visible au premier coup d'œil. Le standard donne d'ailleurs une taille au garrot comprise entre 0,58 et 0,69 cm pour le Gascogne et de 0,40 à 0,58 cm pour le Pyrénées. Le type Gascogne représente aujourd'hui une naissance sur cinq environ.

Un marathonien plutôt qu'un sprinter

Sur le terrain, le Braque français de type Pyrénées est résolument un chien actuel, correspondant aux attentes des chasseurs. Il est un peu pour les Braques de France ce que l'Épagneul breton représente pour les Épagneuls de terroir. Rapide, endurant, il sait étendre sa quête afin de mettre toutes les chances de son côté pour «accrocher» un gibier rare dans une plaine où les couverts sont de plus en plus rares. Très résistant, il prend un rythme qui n'a rien à voir avec celui d'un Pointer, mais sait le tenir de longues heures durant, et ce plusieurs jours par semaine. En montagne, sa grande prudence fait merveille dans les forêts où il arrive à arrêter le difficile tétras sans le mettre à l'envol par une action trop hardie. Cette même prudence lui permet de faire merveille dans les marais, face à la si légère bécassine, prompte à s'envoler à la moindre alerte. Le rapport fait également partie de ses points forts, car il ne possède pas la fâcheuse habitude de serrer le gibier qu'ont de nombreux autres Braques, par excès d'enthousiasme. Autrefois, les cynophiles aimaient à répéter qu'un Braque français naît dressé. Il convient de modérer un peu ces propos. L'abondance de gibier, plus facile à arrêter grâce à un biotope très varié, permettait alors au chien de se former rapidement, et d'atteindre aisément par ses propres moyens un niveau honorable. De plus, sa vitesse et son amplitude de quête faibles le laissaient naturellement à portée permanente du chasseur.

Le Braque français de type Pyrénées, ou le mariage réussi de la tradition française du chien de terroir et de la chasse moderne sur du gibier rare et difficile dans des biotopes très ouverts.

Naître dressé : une légende

Il en va autrement aujourd'hui, particulièrement avec le type Pyrénées, plus fougueux dans son style de chasse. Le Braque français nécessite un dressage en souplesse et en douceur, car il peut rapidement se bloquer devant un comportement trop rigide et autoritaire de son maître. Dresser l'un de ces Braques demande une certaine tournure d'esprit que ne possèdent pas tous les chasseurs. Néanmoins, ce chien possède profondément ancrées en lui la loyauté et l'envie de faire plaisir à son maître, ce qui permet finalement d'arriver à ses fins. Dans le même ordre d'idée, le chenil doit être utilisé avec parcimonie, car le contact avec les humains lui est davantage nécessaire qu'à d'autres races.

Le Braque français reste bien représenté dans la partie sud de la France, où son aptitude à supporter les grandes chaleurs fait merveille. Pourtant, cette race à effectifs encore modestes a su s'exporter avec succès hors des frontières nationales. On retrouve ainsi un bon nombre de ces chiens dans les plaines d'Espagne, mais aussi de façon plus étonnante entre les mains de bécassiers québécois, et même de chasseurs de pintades d'Afrique du Sud! Le club de race est dirigé de main de maître par une personne dynamique et volontaire, qui a su organiser de nombreuses épreuves de travail tous azimuts, permettant de fédérer les amateurs, mais surtout de prouver à de nombreux chasseurs français qu'il n'était pas toujours nécessaire de sortir des frontières pour trouver un bon chien d'arrêt.

le Braque d'Auvergne

Comme pour beaucoup d'autres races, les origines du Braque d'Auvergne resteront toujours dans le flou. Néanmoins, il semble qu'un notable de la région d'Aurillac aurait ramené une poignée de chiens de l'île de Malte, alors occupée par les troupes napoléoniennes. Ces chiens, pris dans le chenil d'un chevalier de l'ordre des templiers après sa dissolution, auraient été des demi-sang Pointers comme il en existait dans cette île sous la domination britannique. Cette théorie est en tout cas celle que soutient André Harmand dans son livre *Les Braques*.

Il est difficile de vérifier une telle hypothèse. Toujours est-il qu'on trouve, à la fin du XIXe siècle, des témoignages irréfutables d'un élevage structuré dans le Cantal ; à tel point que le premier standard de la race, rédigé juste avant la Première Guerre mondiale par Armand Bory, premier président du Rassemblement des amateurs de Braques d'Auvergne, fait référence au type « Cantalien ancestral ».

Un vrai continental

Le Braque d'Auvergne est le pur produit d'une sélection empirique, menée par les chasseurs français au cours du XIXe siècle pour produire des chiens parfaitement adaptés à l'exercice de la chasse sur leur terroir. Ce lent travail a donné un chien relativement lourd par rapport aux autres chiens d'arrêt, fortement charpenté, taillé pour le fond plutôt que la course de vitesse. L'apparence générale dégage une grande noblesse et un aspect typique de Braque continental ancien.

Du sang de Pointer ?

Durant le XXe siècle, de nombreuses querelles opposèrent les amateurs, partagés entre trois courants d'élevage distincts. Les premiers prônaient un retour au Braque ancestral, lourd et « viandeux », fort lent. Les seconds militaient pour la création d'un véritable demi-sang issu d'un mariage systématique avec le Pointer. Finalement, c'est la troisième voie, celle d'un chien résolument continental sans être trop lourd, qui fut choisie. Des mariages plus ou moins avoués avec le Pointer eurent lieu. Mais ils ne réussirent pas à dénaturer le caractère originel de la race.

Ceux qui pratiquèrent ces mariages avaient sans doute pour motivation d'améliorer la vitesse et l'amplitude de la quête ; car c'est un fait, le rythme très pondéré de la quête du Braque d'Auvergne lui ferma longtemps les portes des field-trials, avant que les juges ne reconnaissent enfin son propre style de race sans chercher à le comparer au Braque allemand.

Sous le fusil

Définitivement, le Braque d'Auvergne chasse près de son maître, parcourant le terrain méthodiquement et à son rythme, se faisant dépasser par les autres chiens au cours des premières heures mais les redépassant en fin de journée, car il ne lève jamais le pied ! Autre caractéristique : sa robe (taches noires et mouchetines bordées d'un liseré donnant une apparence moirée à reflet bleu) lui a valu le surnom de Bleu d'Auvergne. De plus, le noir est souvent appelé bleu en Auvergne. Notons que durant de nombreuses années, le Braque d'Auvergne fut le seul chien français ayant officiellement le droit d'arborer la couleur noire, considérée chez d'autres races comme la preuve d'un apport de sang britannique.

Le Braque d'Auvergne est aussi dénommé « Bleu d'Auvergne » en raison des reflets bleutés de sa robe.

le Braque Saint-Germain

Si certaines races ont une histoire trouble, faite de beaucoup de suppositions et d'incertitudes, ce n'est pas le cas du Braque Saint-Germain. Charles X, roi de France, possédait dans ses chenils de bons Braques continentaux, typiques de cette région d'Île-de-France, avec lesquels il chassait en plaine. Passionné de cynophilie et désireux d'alléger le type de ses chiens, il importa une chienne britannique, Miss, qu'il croisa avec ses Braques. Le Braque Saint-Germain était né, ainsi appelé car les gardes-chasses du roi résidaient en forêt de Saint-Germain, où se trouvaient aussi les chenils. Il fut longtemps appelé également Braque Charles, jusqu'à ce que les instances cynophiles écartent définitivement cette appellation, en 1909.

Un miraculé

Le Braque Saint-Germain connut une grande prospérité auprès des chasseurs des plaines céréalières du Centre, et ce jusqu'à la fin de l'entre-deux-guerres. Pourtant, la race perdit rapidement de l'importance par la suite, surtout à partir des années 1960, face à la concurrence du Pointer. Au début des années 1980, il n'y avait plus que vingt-trois membres actifs au club ! Depuis, sous l'impulsion d'un président beaucoup plus dynamique que le précédent, le Saint-Germain entame un retour chez les chasseurs. Il est intéressant de remarquer à ce sujet que l'Île-de-France, berceau de la race, reste la région française qui accueille le plus d'amateurs de Braques Saint-Germain.

Entre britannique et continental

Le Braque Saint-Germain, de par sa naissance mais aussi de par les multiples retrempes effectuées avec du sang de Pointer, est un vrai demi-sang. À ce titre, il possède toutes ses caractéristiques. Le néophyte pourrait d'ailleurs facilement le confondre avec un Pointer. Il faut en effet avoir un œil exercé pour noter les différences : le stop est moins marqué, le museau est fuyant et l'oreille plus longue. L'apparence générale dégage une impression moins athlétique. Sur le terrain, le galop du Saint-Germain est moins rapide et dynamique que celui du Pointer. La quête est plus réduite. Toutefois il ne faut pas s'y tromper, le Saint-Germain est avant tout un chien de plaine, allant donc plus vite et plus loin que beaucoup d'autres races de chiens d'arrêt continentaux. Sa peau fine, recouverte d'un fin poil ras, ne le prédispose du reste ni aux ronces des taillis, ni à l'eau froide des marais.

Devant une race aux effectifs restreints comme celle-ci, on peut avoir la tentation d'abuser des mariages avec d'autres races afin de renouveler le sang et d'améliorer les performances. C'est encore plus facile lorsqu'il s'agit du Braque Saint-Germain, toujours blanc et orange, comme de nombreux Pointers. Dès lors, le risque est grand de voir la race tomber dans une simple et pâle copie d'une autre. Or, il est tout à l'honneur des dirigeants actuels du club de race de tout faire pour conserver à cette belle race française son caractère résolument continental.

Le Braque Saint-Germain porte fièrement ses ascendances britanniques et continentales mêlées.

le Braque du Bourbonnais

Connaissez vous la jolie province du Bourbonnais ? Entre Loire et Allier, les paysages n'ont que peu changé, par rapport à d'autres régions de France. On y trouve toujours des zones humides le long des berges, des vignobles en coteaux, des bois de taillis, des bocages, le tout dans un paysage plutôt vallonné ; en résumé, une véritable carte postale de la France rurale. Ici, comme dans beaucoup de provinces françaises, les chasseurs ont sélectionné une race de chiens d'arrêt adaptée à la diversité des gibiers de ces biotopes variés, sans trop se soucier de cynophilie académique. Ainsi le Braque du Bourbonnais vécut heureux et prospère dans les limites de son terroir.

Victime de la guerre

Les qualités d'endurance et de ténacité de ce chien de taille modeste finirent par attirer les regards de chasseurs d'autres régions. Très polyvalent, chassant près de son maître, naturellement doué pour le rapport, facile à dresser, le Braque du Bourbonnais commença à essaimer un peu partout en France, et particulièrement dans l'Ouest, des Charentes à la Normandie. Il faisait alors le bonheur de nombreux chasseurs à la billebaude, chasse traditionnelle de cette époque en France.

Hélas, la guerre survint et avec elle son cortège de privations en tout genre. Comme toutes les autres races françaises, le Braque du Bourbonnais manqua de disparaître entre 1914 et 1918. Heureusement, de nombreuses familles bourbonnaises avaient conservé quelques chiens, ce qui permit dans les années

1930 de faire renaître la race... jusqu'au deuxième conflit mondial, qui faillit bien être fatal aux derniers exemplaires.

Il fallut toute la ténacité du club de race pour redresser la situation au sortir de la guerre, mais des querelles intérieures, associées à une concurrence féroce des races étrangères, finirent par avoir raison du Braque du Bourbonnais. Dans les années 1970, la Société centrale canine finit par rayer le CBB (club du Braque du Bourbonnais) des races affiliées. Il en fallait davantage pour décourager les passionnés de cette race qui, à force de persévérance, parvinrent à la relancer une fois encore. Les années 1980 marquèrent son retour, certes modeste mais bien réel, et qui permet de croire que le Braque du Bourbonnais est réellement sauvé.

Lilas, lie-de-vin, fleur de pêcher

Trois caractéristiques frappent l'amateur de chien d'arrêt à la vue d'un Bourbonnais. D'abord la couleur: les fines mouchetures sont dites lilas, lie-de-vin ou fleur de pêcher; aucune tache importante n'apparaît en dehors de la tête. La queue est presque inexistante dès la naissance; on parle alors de chien anoure ou brachyoure. Enfin, la tête est en forme de poire.

Dans son allure générale, le Braque du Bourbonnais est un chien plutôt petit, fortement charpenté, à la poitrine très ample. En action, il alterne trot et petit galop, explorant le terrain pouce par pouce. Chien de chasse pratique, à l'aise sur tous les terrains, le Bourbonnais n'est certes pas une formule 1. Mais combien sommes-nous à en avoir l'utilité ?

Le Braque du Bourbonnais, trop souvent au bord de l'extinction dans son histoire, semble aujourd'hui sauvé pour un temps.

Les chiens d'arrêt allemands

Assis sagement au pied de son maître, un renard en gueule, tel apparaît le chien d'arrêt allemand idéal pour les chasseurs d'outre-Rhin.

l'Aptitude au dressage

En Allemagne, la chasse est une affaire sérieuse, n'est pas chasseur qui veut. Il faut d'abord satisfaire à des examens fort difficiles qui font du chasseur un connaisseur de la nature et de ses responsabilités. Ensuite, il faut avoir un territoire de chasse. Pas en temps que propriétaire, car le droit de chasse appartient à la commune qui le loue à un chasseur. Ce dernier signe un contrat avec des objectifs clairs à atteindre; s'il n'y parvient pas, il perdra son droit de chasse.

Le chasseur est responsable de tout sur le terrain: dégâts du gibier, destructions des prédateurs, lutte contre le braconnage... Aussi lui faut-il un auxiliaire capable de l'assister dans toutes ces tâches. Le chien d'arrêt assure ce rôle. Imaginez un chien qui soit capable de mener à voix le lièvre, de pousser les grands animaux hors d'une enceinte, de rechercher un chevreuil blessé, d'arrêter un faisan, de maîtriser un renard, d'attaquer un braconnier ou de rapporter un canard. Vous avez devant vous le chien d'arrêt allemand. La polyvalence: voilà avant tout ce que demande un chasseur allemand à son chien.

Dans ce but, les chiens sont sélectionnés selon une série d'examens s'étalant au cours de leur vie et reprenant l'ensemble des disciplines concernées. Il ne faut pourtant pas en conclure que le chien allemand est le chien parfait. De même qu'un bachelier n'est pas encore médecin, un chien allemand peut être considéré comme un généraliste ayant fait la preuve qu'il pourra devenir plus tard excellent dans telle ou telle discipline. En cela, la première qualité d'une race germanique réside dans sa formidable aptitude à recevoir un dressage poussé.

Comme tout ce qu'ils font, les Allemands ont conçu leurs chiens avec méthode. Le meilleur exemple est peut-être le Drahthaar, formidable machine à chasser créée de toutes pièces il y a cent ans avec un cahier des charges bien précis. Le résultat, fruit d'un travail sérieux et patient, est impressionnant. Tout a été voulu dans ce chien, jusqu'à la couleur de la robe et la nature exacte du poil fil de fer. Tout a son utilité. Mais que dire aussi du Braque allemand, que les Anglais ont baptisé «German Pointer», et dont il faut rappeler qu'il est le chien d'arrêt le plus utilisé au monde. Il est intéressant de noter que les Allemands, comme les Français, ont été un temps séduits par les races anglaises, qui imposèrent leur brio face aux vieilles races allemandes, tel le vénérable Griffon Stichelhaar. Mais leur réaction fut plus vigoureuse et de nombreuses races furent créées pour concurrencer et contrecarrer ces importations. Elles connurent d'ailleurs des fortunes diverses, certaines s'imposant et d'autres n'y parvenant jamais. Aujourd'hui, le succès mondial de nombreuses races germaniques atteste que les Allemands sont de grands cynophiles.

le Drahthaar

« Quiconque en parle avec sympathie est voué à l'excommunion : c'est le chien fait de pièces et de morceaux (...) il ne sera jamais reconnu ! » Le moins que l'on puisse dire est que le Drahthaar – défini ainsi par l'un des plus grands spécialistes du chien de la France d'avant-guerre – n'attirait pas la sympathie de par le monde.

Depuis, les choses ont bien changé. Avec près de cinquante mille chiens enregistrés en Allemagne, le « DD » (c'est ainsi que le Drahthaar est affectueusement surnommé outre-Rhin) est le premier chien d'arrêt dans son pays d'origine, devant le Braque allemand. En France, mais aussi en Italie, en Belgique en Hollande, voire aux États-Unis, cette race gagne du terrain. Nul doute que le Drahthaar représente une évolution possible de l'utilisation du chien d'arrêt pour le prochain millénaire.

Des Allemands vexés

Mais quelle est l'origine de ce succès ? D'abord une réaction un peu épidermique des cynophiles allemands qui, à la fin du XIXe siècle, furent vexés de se voir précédés par les Britanniques dans les grands travaux de rénovation des races de chiens d'arrêt. Durant toute la seconde moitié du XIXe siècle, par un savant travail d'élevage par consanguinité, les Anglais réussirent à faire des vieux Épagneuls et Braques issus du continent les formidables machines à chasser modernes que sont les Setters et les Pointers. Piqués au vif, les Allemands décidèrent de créer de toutes pièces une race nouvelle, capable de rivaliser avec les meilleurs chiens dans tous les domaines. Ce devait être le « superchien ». Le pari était lancé. Toute la science et la rigueur de la cynophilie allemande furent mises au service de cet objectif.

On croisa le vieux Griffon allemand, le Stichelhaar, avec le Braque allemand et le Pudel Pointer (un produit déjà issu de croisement entre Pointer, Griffon et Caniche). On y ajouta une bonne dose de sang de Pointer pour la vitesse et le nez, de Caniche pour le goût du rapport et du travail à l'eau, et aussi de l'Airedale Terrier pour le mordant et le courage. Un cocktail détonnant en somme. Il restait à lui trouver un nom. « Drahthaar » signifie littéralement « chien au poil en fil de fer », en référence au pelage voulu par les inventeurs de la race.

Pari tenu

Aujourd'hui, force est de constater que le pari est en grande partie tenu. La race a pourtant connu bien des avatars avant d'en arriver là. Le premier, et non le moindre, fut sans doute la difficulté d'obtenir une descendance homogène. En effet, le chien à poil dur est théoriquement issu du croisement d'un poil ras avec un poil bouclé ou laineux. Or, les produits de deux chiens à poil dur n'ont pas obligatoirement le poil dur ; certains ont un poil ras, d'autres un poil ondulé. Un tel mélange de races donna beaucoup de soucis aux éleveurs qui se retrouvèrent longtemps avec des chiens qui ne produisaient pas du tout des Drahthaars. C'est assez récemment, depuis trente ans environ, que la race s'est à peu près fixée. Ceci est en grande

Le plus souvent à dominante brune, la robe du Drahthaar peut aussi être dominée par le noir.

partie dû au travail d'un poste du club allemand qui n'existe pas dans les autres clubs de race : le conservateur national de la race. Cet homme fixe les orientations en matière d'élevage. Le fauteuil est revenu longtemps à une véritable dynastie, puisque Fevry Greller l'occupe après que son père et son grand-père s'y soient succédé. C'est sans doute à cette famille que le Drahthaar doit son succès actuel.

Un autre problème dut être surmonté après la Deuxième Guerre mondiale. L'élevage du Drahthaar était en effet réparti sur l'ensemble du territoire germanique. Après la victoire des Alliés, les éleveurs se retrouvèrent de part et d'autre du mur de Berlin, qui en quelque sorte coupa la race en deux au moment de son avènement. Les deux élevages se développèrent donc en parallèle, sans contacts possibles. À ce propos, il faut souligner que les chasseurs de l'ancienne Allemagne de l'Est n'avaient rien à envier à ceux de l'Ouest quant à la qualité de leurs chiens. Après la réunification des deux pays, ce qui avait été pendant quarante ans un handicap se révéla une grande chance : les éleveurs des deux côtés du Mur purent soudain réunir leurs travaux, avec le fantastique apport de sang nouveau que cela représentait pour la race.

Allemand au bois, anglais en plaine

Le pari des concepteurs de la race est en effet tenu. Le Deutsch Drahthaar est une formidable machine à chasser selon les critères germaniques. Il est capable de mener le gibier rouge à la voix, voire de chasser efficacement le sanglier, car son courage est grand. De plus, la recherche au sang est un prolongement normal de cette activité. Attention toutefois, ceux qui ne chassent que le faisan ou la bécasse dans les bois européens risquent de rencontrer quelques problèmes avec leur Drahthaar, qui sera parfois plus enclin à donner la chasse aux sangliers et cervidés qui croiseront sa route qu'aux délicats oiseaux.

Cette capacité et ce courage, le Drahthaar les tient surtout de l'Airedale Terrier, fabuleux chien anglais de chasse à la loutre, doté d'une pugnacité hors pair. De ce chien, mais aussi de différentes races de Griffons, il tient également un formidable mordant et une haine féroce des animaux dits « nuisibles ». Le Drahthaar est donc capable de mener une lutte efficace contre les

Contrairement aux Griffons, le Drahthaar, qui est un Braque, ne doit pas avoir de sous-poil dense.

renards, martres et autres fouines. En plaine, il laisse plutôt parler son sang de Pointer. Il s'éloigne en cela des chiens continentaux classiques et se comporte comme un véritable demi-sang. Galopeur plutôt que trotteur, il étend sa quête bien au-delà du fusil de son maître, portant la tête haute comme ses illustres ancêtres britanniques. Il lui arrive d'ailleurs d'arrêter de loin, à l'anglaise en quelque sorte. Au marais, c'est le sang du Caniche et du chasseur de loutre qui parle. N'oublions pas que le Caniche, aujourd'hui gentil chien de nos grand-mères, était au début du XXe siècle le plus redoutable des chasseurs de canards.

La robe du Drahthaar n'est pas la moindre de ses spécificités. Le terme de fil de fer n'est pas usurpé. Si les amateurs de Griffons recherchent avant tout la présence d'un sous-poil dense sous le poil rêche, le Drahthaar, lui, en est complètement dépourvu. Il possède par contre ce poil rêche, couché sur la peau et raide au toucher, dont la couleur paille de fer renforce encore la rusticité. En dessous, la fine peau du Braque laisse voir les muscles, un aspect qu'apprécient particulièrement les cynophiles allemands.

De la dynamite !

Attention, le Drahthaar n'est pas le chien de tout le monde. Il s'agit d'un concentré d'énergie, de la dynamite que rien n'arrête : un véritable char d'assaut, doté de tous les courages, au caractère en acier trempé. Il doit donc être dressé par un chasseur ayant de la poigne, dénué de faiblesses, car le chien les exploiterait immédiatement à son avantage. De fait, dans la somme de travaux que les cynophiles allemands demandaient à leurs chiens, figurait en bonne place le rôle de chien de défense.

Différencier Korthals et Drahthaar

Il est intéressant de préciser quelques différences entre le Griffon Korthals à poil dur et le Drahthaar, les deux races étant fréquemment confondues par le grand public. Il s'agit pourtant de deux races très différentes, d'abord dans leur aspect. Le Drahthaar est plus grand que le Korthals. Sa robe laisse deviner les muscles alors que celle du Griffon les masque. La tête est plus longue chez le Drahthaar, et l'ensemble plus délié. De plus, au moment de la création de ces deux races, par ailleurs contemporaines, deux conceptions se sont affrontées. L'objectif était pourtant le même, à savoir répondre aux envahissantes races britanniques. Edward Karel Korthals, voulant créer un vrai continental, refusa tout apport de sang anglais et ne travailla qu'à partir de races continentales. Par contre, les créateurs du Drahthaar eurent largement recours au sang anglais, celui du Pointer et celui de l'Airedale Terrier. Le Drahthaar est un Braque alors que le Korthals est un Griffon. Le premier est plus rapide, plus entreprenant, le deuxième, plus pondéré sans être lent. Le caractère, enfin, constitue sans doute la plus grande différence entre ces deux races : ce que le Korthals est en douceur, le Drahthaar l'est en dureté.

Certes, les clubs de race tentent aujourd'hui de par le monde de remédier à cela en éliminant de la reproduction les chiens trop agressifs ; mais il est illusoire de penser que ce trait peut disparaître en quelques années quand il a fallu près d'un siècle pour le fixer. Pas de panique toutefois, pour celui qui sait s'y prendre, le Drahthaar se révèle un formidable élève. Des générations ayant subi l'assouplissement à l'allemande ont fini par laisser la trace d'une grande aptitude au dressage.

Parfaitement polyvalent, apte au dressage, très énergique, capable de bonnes performances en plaine, chasseur de grand gibier, le Drahthaar a de quoi séduire le chasseur prêt à chasser avec un vrai prédateur.

Le Drahthaar est un chien d'un dynamisme peu commun, qui demande à son maître une grande fermeté.

le Braque allemand

L'un des chiens les plus répandus sur terre est aussi l'un de ceux dont les origines restent les plus floues. Certains prétendent que les armées napoléoniennes se déplacèrent avec des Braques français, qui séduisirent les nobles chasseurs par leurs qualités de nez. Ils sélectionnèrent ensuite sur les qualités de chasse et obtinrent le Braque allemand. Il était à l'époque blanc à taches brunes, uniformément brun, voire noir, mais jamais truité ou moucheté. Les premières traces d'organisation d'un club remontent à 1860. Le chien d'alors ressemblait aux Braques primitifs, tels que le Braque français de type Gascon ou le Braque italien. C'était un chien très fort, aux traits lâches et possédant déjà un poil ras, d'où son nom de « Kurzhaar », qui signifie « poil court » en allemand. Du reste, le Kurzhaar Klub fut créé en Allemagne en 1891, suivi de près par la première épreuve de travail pour jeunes.

Pour d'autres, le Braque allemand aurait toujours existé dans son pays d'origine, sous la forme d'un chien lourd, véritable bonne à tout faire des gardes-chasses.

Les chasseurs du XIXe siècle l'améliorèrent ensuite en apportant du sang de Pointer de façon massive, à tel point que les Anglo-Saxons le surnommèrent avec un brin de condescendance le « German Pointer » ! Mais il faudrait aussi parler de l'apport important de sang de Doberman, avec lequel le Braque allemand présente encore actuellement de nombreuses ressemblances. Il n'est que de voir un Doberman dont les oreilles ne sont pas coupées pour en être convaincu. Cette alliance donna également au Braque un incontestable sens de la défense de son territoire.

La conception allemande du chien

Jusqu'au milieu du XXe siècle, les chasseurs allemands demandèrent à leurs chiens une grande agressivité envers les puants, leur imposant même de savoir purement et simplement étrangler un renard. L'école de dressage à l'allemande n'était alors pas un vain mot. Les chiens avaient un caractère bien trempé et il fallait employer les grands moyens pour les soumettre. Cette réputation perdure d'ailleurs, alors que l'élevage a depuis longtemps fait disparaître cet aspect de la personnalité du Kurzhaar. Il reste aujourd'hui un chien bien équilibré, face auquel il faut certes savoir affirmer son autorité, mais qui se révèle finalement plus facile à dresser que nombre de sujets issus d'autres races produisant régulièrement des chiens ultra-sensibles. Le seul défaut qui subsiste de cette époque réside sans doute dans une dent parfois un peu dure lors du rapport.

Croyant bien faire, de nombreux chasseurs de par le monde tentent d'importer des pays de l'Est ou d'Allemagne un Braque allemand. Ils croient ainsi s'adjoindre les services d'un auxiliaire correspondant parfaitement aux critères germains du chien d'arrêt, le fameux « Gebrauchund ». La déception est malheureusement souvent au rendez-vous, car le chien arrive avec un dressage et un savoir correspondant à un biotope bien particulier et à un

Le Braque allemand est le chien d'arrêt le plus répandu au monde, loin devant le Pointer et l'Épagneul breton.

Mettez-le au gros !

Le Braque allemand, comme tous les chiens d'arrêt d'origine allemande du reste, se montre apte à effectuer des recherches au sang. Cet aspect de sa polyvalence est, à l'heure actuelle, peu utilisé en dehors de son pays d'origine, alors que les populations de grand gibier se développent un peu partout. Ainsi, en France, beaucoup d'utilisateurs de Braques allemands chassent par ailleurs le grand gibier en battue sans utiliser leur chien. Pourtant, après un dressage relativement facile, il pourrait faire de la vérification de tir, et retrouver soit des animaux morts à proximité du poste de tir, soit des indices confirmant que le gibier est blessé. Ce travail, au demeurant fort simple, permettrait d'éviter la perte de nombreux animaux, quitte à faire ensuite appel, dans le cas d'une véritable recherche au sang, à un vrai spécialiste.

dresseur ayant ses propres méthodes. Une fois le voyage fait, le pauvre chien se retrouve complètement désarmé face aux situations nouvelles et aux gibiers nouveaux qu'il rencontre. Il faut alors recommencer son dressage à zéro. Dès lors, l'intérêt de l'importation devient à peu près nul, sauf à vouloir chasser exactement comme un chasseur de l'Est ou à désirer utiliser le sujet pour la reproduction en apportant du sang neuf.

Un succès planétaire

La robe est toujours de couleur peu voyante. Les chasseurs allemands se faisant accompagner par leur chien lors des chasses silencieuses de grand gibier pour être éventuellement prêts à pister un animal blessé, le chien doit donc disparaître dans l'environnement. La couleur de base est le marron. Celle-ci se retrouve mêlée à du blanc sous forme de mouchetures intimement liées, plus ou moins nombreuses. Le chien peut aussi être rouanné. Le noir peut remplacer le brun dans les différentes combinaisons. Longtemps contestée, cette couleur noire fut finalement acceptée car, à l'origine, il y aurait eu des Braques allemands noirs. Pourtant, certains continuent à penser que cette couleur trahit l'apport de sang britannique.

Le Braque allemand est le chien d'arrêt le plus répandu au monde, avec en tête les États-Unis où naissent chaque année plus de dix mille Kurzhaars, puis l'Italie (trois mille), la France (mille sept cents) et enfin le pays d'origine, l'Allemagne (mille cinq cents naissances). Son succès planétaire tient sans doute à l'extraordinaire polyvalence dont il est capable.

Le « German Pointer », comme le surnomment les Anglo-Saxons, sait se montrer à l'aise dans l'exercice du rapport.

Le Braque allemand est véritablement le chien à tout faire par excellence. Entre les mains du chasseur allemand, il retrouvera un chevreuil blessé ou rapportera un renard. Avec un chasseur italien, il arrêtera les bécasses dans les bosquets de piquants. Avec un dresseur français, il s'imposera en grand seigneur dans les plaines de la Beauce lors des concours de printemps. Au côté d'un Américain, il étendra encore plus sa quête pour accrocher le difficile tétras de prairie dans les steppes du Nord-Ouest, sous le regard vigilant d'un juge de field-trial obligé d'enfourcher un cheval pour le suivre dans ses lacets. Cette grande capacité d'adaptation, avec toujours la même efficacité, nous la devons au génie de l'élevage germanique qui a su fixer l'une des qualités majeures d'un chien d'arrêt: l'aptitude au dressage, sans pour autant perdre l'équilibre psychique.

Un chien paradoxal

Le Braque allemand est l'une des races qui présentent un véritable paradoxe: il doit être capable de chasser le petit gibier à l'arrêt, comme un chien britannique, donc la tête haute à la recherche d'émanation; et il doit aussi pouvoir chasser en pistant la voie d'un animal, le nez au sol, comme un chien de sang. Bien sûr, le chien ne développera ces aptitudes que grâce à un dressage adapté et à un grand nombre de sorties sur le terrain. Il serait illusoire de croire qu'il naît déjà dressé, ou qu'il lui suffit de remonter une fois la piste d'un chevreuil blessé pour devenir chien de sang. Néanmoins, cette dualité constitue assurément l'originalité du Braque allemand et surtout la preuve irréfutable de sa qualité première: son équilibre. Un équilibre qui vient aussi canaliser et tempérer l'agressivité, le mordant pourtant utile dans certaines circonstances. Comme l'a écrit Gilles Tournier dans la revue *Chiens de chasse*, un Braque allemand qui n'aurait pas l'équilibre nécessaire pour assumer avec brio cette dualité ne serait pas tout à fait un vrai Braque allemand.

En Europe occidentale, le Braque allemand est sélectionné presque exclusivement sur les terrains de field-trials, qui ne mettent en relief que les qualités – au demeurant fort impor-

Une sélection rigoureuse

La méthode de sélection «à l'allemande» vise à mettre en évidence la formidable capacité d'adaptation de la race, sans pour autant vouloir absolument utiliser le chien dans toutes les fonctions possibles par la suite.

Ainsi, les épreuves commencent pour les jeunes, au printemps, par le Derby, où les aptitudes de quête, nez et arrêt sont prises en compte. Puis vient l'AZP quelques mois plus tard, en automne; la cotation en points devient plus sévère et porte sur un plus grand nombre d'épreuves. Pour finir, la VGP, véritable baccalauréat du chien, sanctionne l'ensemble du travail de dressage effectué. Le chien est alors apte à travailler dans les domaines choisis par son maître et peut aussi reproduire en transmettant les gènes de cette fameuse polyvalence.

tantes– de chien de chasse au petit gibier à plume. Ce faisant, ce mode de sélection ne permet pas d'évaluer l'aptitude à remplir de nombreuses autres tâches de cette race. Il existe bien en France une tentative, le Brevet international de chasse pratique, alternant des épreuves à l'eau et sur terre, à l'arrêt ou au rapport, mais cela reste encore anecdotique. Sur les terrains de field, les Braques allemands se retrouvent toujours en concurrence avec leurs éternels rivaux : les Épagneuls bretons. Ces deux races continentales sont en effet les seules à avoir su évoluer avec autant de succès vers une utilisation du chien d'arrêt fondée sur la sélection par les field-trials. En cela, ils sont les vrais continentaux modernes, capables de rivaliser avec les chiens britanniques dans les concours en plaine sur gibier à plume. Et sur ce terrain, le Kurzhaar sait mériter son surnom de « German Pointer ».

Chien d'arrêt moderne, adaptable à plaisir, le Braque allemand caracole en tête du hit-parade des auxiliaires préférés des chasseurs, et il n'est sans doute pas près d'être détrôné.

En France, les amateurs de Braques allemands ont su développer chez eux des capacités de chasseurs de plumes parmi les meilleures au monde.

le Braque de Weimar

Comment ne pas être séduit par le Braque de Weimar ? Son gabarit imposant (il peut mesurer jusqu'à 70 cm), sans être trop lourd, impressionne. La noblesse de son port ajoute à l'impression de calme. Mais ce qui frappe bien sûr avant tout, c'est cette inimitable robe grise, dont les teintes peuvent d'ailleurs aller du clair au foncé (de souris à chevreuil dit le standard). Cette robe a sans conteste participé à sa fortune, et aussi à ses malheurs.

Noble de naissance

Il n'existe pas de chien incarnant mieux que le Weimar la tradition de chasse et de cynophilie de l'ancienne noblesse germanique. Le grand duc Carl August de Saxe est le premier à avoir officiellement possédé un élevage de Weimaraners (le nom allemand de ce chien). Il conserva longtemps l'exclusivité de l'élevage de cette race, faisant même de nombreux jaloux parmi les autres nobles. L'histoire de la race est une suite de développements timides, suivis de quasi disparitions.

Ainsi, les guerres napoléoniennes dispersèrent nombre d'élevages. Des officiers français en ramenèrent en France et s'en servirent par la suite avec succès pour détruire les grands fauves, en particulier loups et lynxs. Puis le chien tomba dans l'oubli et il fallut attendre 1950 pour voir le Weimar revenir officiellement en France.

En 1897, le club du Weimaraner fut créé en Allemagne et la possession de ce chien se démocratisa ; un peu. En effet, si elle n'était plus l'exclusivité d'une seule famille, il fallait apporter la preuve de sa noblesse pour pouvoir en acquérir un ! Ainsi, le Kaiser refusa un chien à Bismarck sur le motif que ce dernier ne possédait pas un nombre suffisant de quartiers de noblesse. Après une quasi disparition au sortir de la Première Guerre mondiale, le major Herbert sut moderniser la race en lui ajoutant du sang de Braque allemand et en l'allégeant, lui donnant l'apparence actuelle.

La ténacité d'un Américain

L'élite sociale de l'Allemagne conserva ainsi jalousement la propriété du Weimaraner, maintenant par là même le nombre de naissances à un niveau très bas. Cette situation perdura jusqu'à la Deuxième Guerre mondiale. Ainsi en 1928, Howard Knight, un cynophile américain, tenta d'acheter un couple de Weimaraners pour lancer la race sur le nouveau continent. Après moult tractations et une inscription au club allemand, il lui fut accordé un couple de Braques... préalablement stérilisés ! Ne s'avouant pas vaincu, Knight persévéra et obtint enfin, en 1938, deux femelles et un mâle aptes à la reproduction.

Il était temps. En Allemagne, le second conflit mondial manqua de faire irrémédiablement disparaître la race. Au sortir de cette période, le Weimaraner allemand n'était plus que l'ombre de lui-même. Dans le même temps, les Américains s'entichèrent de la robe si particulière de ce chien. Il fut baptisé Grey Ghost (fantôme gris) et devint un symbole de réussite sociale.

La couleur inimitable du Braque de Weimar en fait une cible pour les futurs propriétaires de chien de compagnie en mal d'originalité.

Au compte-gouttes

Si les Allemands continuent à demander au Weimar toute une batterie d'aptitudes de chasse, le nombre de sujets concernés est très faible. Les effectifs de Braques de Weimar restent en Allemagne bien en deçà d'autres races de chasse comme le Braque allemand ou le Drahthaar.

De plus, le club de race a gardé beaucoup de sa rigueur d'antan dans ce pays, ce qui a empêché le développement d'un élevage uniquement tourné vers la production de chiens de compagnie. Il faut pouvoir prouver que l'on est chasseur pour acquérir un chiot, et seul les chiens ayant satisfait à plusieurs épreuves de travail (Verbands-Jugendprufung au premier printemps du chien et Herbst-Zucht-Prufung à l'automne) peuvent participer à la reproduction.

Tout le monde voulait un « Weim », et l'élevage dériva rapidement. On produisit n'importe quoi, pour peu que cela soit gris. Depuis, la mode est un peu passée, et le club américain de la race a su redresser en partie la barre, même si un grand nombre de Braques de Weimar ont perdu leur rôle de chien de chasse. Le même phénomène de mode se rencontra en Europe, dans une moindre mesure, à partir des années 1960, tant et si bien qu'aujourd'hui encore, les clubs connaissent une opposition en leurs sein entre les tenants d'un Braque de chasse et ceux d'un Braque de compagnie.

Et pourtant, il chasse...

Comme pour d'autres races germaniques, on demandait par le passé au Weimar, en participant à la lutte contre les braconniers, la défense (« manschaft ») ; un aspect complètement disparu aujourd'hui en Europe mais qui perdure aux États-Unis puisqu'une part encore non négligeable de Braques de Weimar est utilisée comme chiens de défense voire comme chiens policiers.

Pourtant le Weimar est et reste un chien de chasse. Les Allemands l'ont conçu comme un auxiliaire polyvalent. À ce titre, il est capable de chasser le petit gibier en plaine, perdrix ou faisan, qu'il arrête. Attention, il ne se livre pas à cette tâche avec le même brio qu'une autre race plus spécialisée, mais il le fait honnêtement. De plus, il peut traquer le grand gibier, sachant faire sortir d'une enceinte forestière un cerf, un chevreuil ou un sanglier silencieusement ; il s'agit de « drücken », une technique de chasse en battue sans bruit typiquement allemande. Ce n'est pas tout. Les chasseurs de son pays d'origine lui demandent aussi de savoir mener à voix un lièvre, de rapporter et pister un canard blessé à l'eau. Il doit en outre pouvoir remonter la piste d'un grand animal blessé, et éventuellement l'immobiliser dans le cas d'un chevreuil. Ajoutez à cette liste déjà impressionnante la lutte et le rapport du renard, de la martre ou de la fouine, voire du chat, et vous aurez à peu près fait le tour du domaine de compétence d'un Weimaraner de travail en Allemagne.

La polyvalence pour principe

Est-ce à dire que ce chien est surdoué ? Non, bien sûr. Mais les chasseurs allemands demandent dans chacun de ces domaines un minimum de compétence, une sorte de savoir de base, afin de conserver l'aspect polyvalent de leurs chiens. Le chien capable d'effectuer tout cela ne sera jamais aussi bon qu'un Pointer en plaine, qu'un Beagle derrière un lièvre ou qu'un Rouge de Bavière sur la piste d'un grand gibier blessé. C'est donc surtout une grande aptitude au dressage qui est

recherchée. On ne trouve nulle part ailleurs la même exigence, si ce n'est en Autriche et dans certains pays de l'Est.

Un chasseur honnête

Ailleurs, les chasseurs qui l'utilisent lui demandent surtout un travail classique de chien d'arrêt pour le petit gibier. Il s'acquitte de cette tâche avec honnêteté, chassant toujours proche de son maître et à un rythme pondéré. Le rapport est souvent impeccable, y compris à l'eau. La quête, elle, fait la part belle au pistage par rapport à la recherche de l'émanation directe du gibier. Par contre, l'obéissance est parfois un point délicat qui nécessite de la part du maître une grande rigueur. Surtout, des siècles de sélection en vue de la chasse du grand gibier donnent au Weimaraner un goût immodéré pour le chevreuil et le sanglier, ce qui le rend difficile à utiliser pour la chasse du petit gibier, tels bécasses et faisans, au bois.

Soulignons encore qu'il existe une variété à poil long, dont la présence partout dans le monde reste confidentielle, et *a fortiori* sur les terrains de chasse. Il se peut qu'un sujet à poil long naisse dans une portée issue de deux parents à poil ras. Le chien est alors en général admis à titre initial dans la catégorie des poils longs. Il naît chaque année quelques centaines de Braques de Weimar en Allemagne, un millier en France, autant en Grande-Bretagne, et de quatre à cinq mille aux États-Unis.

La rarissime variété à poil long du Weimaraner est souvent cantonnée au rôle de chien de beauté.

C'est sans doute aux États-Unis que se trouve le plus grand nombre de Braques de Weimar de travail.

le Pudel Pointer

En allemand, le mot « Pudel » désigne le Caniche, et « Pudel Pointer », le Caniche Pointer. Difficile d'être plus explicite pour nommer un chien ! Car il s'agit bien d'un croisement de ces deux races. Le premier à avoir eu l'idée de ce mélange se nommait Walther ; il disparut avant de mettre son idée en œuvre. Elle fut reprise à la fin du XIXe siècle par Freiheer von Zelditz. Le principe était simple : allier les qualités de nez du Pointer aux qualités de chasseur de gibier d'eau et d'aptitude au dressage du Caniche. En réalité, il ne s'agit pas vraiment d'un demi-sang, puisque le Pointer se retrouve à 65 % et le Caniche à 35 % dans le Pudel Pointer.

Chaque éleveur crée son mélange

L'alliance entre poil ras et poil bouclé donne le poil dur si apprécié par les Allemands. Le Pudel Pointer est donc un Pointer à poil dur, et plus rustique. Cela fonctionne en théorie mais, dans les faits, les choses se sont vite compliquées. De nombreux chasseurs germaniques furent séduits par l'idée et se lancèrent dans l'élevage du Pudel Pointer. Ils n'eurent pas tous la rigueur de travail des premiers et, très vite, la race dériva vers des Caniches « pointérisés » ou de vagues Pointers à poil souple.

Il faut d'ailleurs évoquer le principe de Mendel selon lequel, génétiquement, le croisement entre poil ras et poil souple donne un produit à poil dur, mais revient ensuite, aux générations suivantes, au poil ras ou souple. De fait, depuis son invention, le Pudel Pointer se cherche et la race peine encore à être fixée. C'est aussi le cas pour la couleur, car de nombreux sujets naissent encore avec des taches blanches, alors que seule la couleur feuille morte uniforme est acceptée.

Des débuts chaotiques

Le vrai début de la race est plutôt à situer dans l'immédiat après-guerre, lorsque l'élevage se rationalisa par un meilleur contrôle des retrempes successives. Atteignant plusieurs centaines de naissances en Allemagne, la race ne s'est quasiment pas exportée. Pourtant, elle possède plus d'un atout dans sa manche. D'abord, il s'agit d'un chien proche du Pointer, donc doté de qualités de nez importantes, d'une quête ample et rapide, d'un grand sens de la chasse. Mais l'apport de sang Caniche donne au Pudel Pointer un sens du dressage aigu, un contact privilégié avec l'humain, une grande ruse et un amour immodéré pour le travail à l'eau. N'oublions pas en effet que le Caniche est le descendant du Barbet, principal chien de travail à l'eau jusqu'au milieu du XXe siècle. En cela, et bien qu'il soit né en Allemagne, le Pudel n'est pas un chien allemand mais bien un « britannique du continent ».

Malheureusement, le Pudel Pointer n'a jamais rencontré le succès. Grand perdant de la confrontation avec le Drahthaar comme prétendant de premier Griffon moderne, il souffrit toujours d'une politique d'élevage aléatoire et de petits effectifs ne permettant pas de fixer la race sur une grande échelle.

Le mélange savant de races à l'origine du Pudel Pointer peine encore à se fixer dans une production de chiens homogènes.

l'Épagneul de Münster

Dans toute l'Europe continentale, on retrouve la trace d'un Épagneul de taille moyenne servant surtout à la chasse au vol. Là se trouve sans doute les origines de l'Épagneul de Münster. Il faut pourtant attendre la fin du XIXe siècle pour que débute réellement la sélection de cette race particulière.

De taille modeste, comparable en corpulence à un Épagneul breton, le petit Münsterlander est un chien polyvalent comme les aiment les chasseurs allemands. Ceux-ci ont particulièrement travaillé sur ses capacités de chasse après le coup de feu. Il excelle donc dans toutes les formes de rapport, à l'eau comme au bois, pour la plume comme pour le poil, voire même le rapport de nuisibles.

Savant pisteur, ce petit chien peut aussi rendre de grands services à la chasse au grand gibier, se montrant capable de faire sortir des grands animaux d'une enceinte pour qu'ils passent devant la ligne des chasseurs, mais également de remonter la piste d'un grand gibier blessé. Le petit Münsterlander est donc bien ce que les Allemands dénomment un « Jagdgebrauchshund », un chien d'arrêt polyvalent.

Cette polyvalence se paie toutefois par des performances en plaine en deçà de celles des chiens d'arrêt britanniques ou continentaux plus spécialisés. Du reste, la quête montre une amplitude modeste, le chien restant « sous le fusil de son maître », en parcourant le terrain méthodiquement, tantôt au galop, tantôt au trot. La tête est dans le prolongement du corps, voire parfois un peu plus basse. L'arrêt est proche du gibier.

Bien présent dans son pays d'origine (c'est la troisième race de chasse derrière le Drahthaar et le Braque allemand), le petit Münsterlander y poursuit une carrière exclusivement tournée vers le travail.

Les examens qu'il subit sont multiples, à l'image de toutes les races allemandes. Il faut pourtant y ajouter encore une épreuve spécifique basée sur le rapport, sa spécialité. Cette particularité devrait l'aider à séduire les chasseurs français.

Il résulte de tout cela un chien très souple et apte au dressage, ne présentant pas le côté parfois un peu « dur de caractère » d'autres races germaniques. Sa polyvalence correspond bien à la pratique actuelle de la chasse et lui assure un succès certain.

Le grand Münsterlander

Le grand Münsterlander est loin d'obtenir le même succès. Cette variété, plus haute comme son nom l'indique, s'est différenciée dès le début par l'ajout de sang de Langhaar et de Setter anglais. Plus encore que la petite variété, la grande est utilisée pour la chasse au grand gibier, en particulier la recherche au sang du chevreuil.

Toutefois, il faut reconnaître qu'une mauvaise maîtrise des retrempes avec du sang anglais hypothéqua longtemps son développement. Les responsables de la race, après avoir été trop loin dans un sens, allèrent dans l'excès inverse, en tentant d'éliminer toute trace de ces mariages. Aujourd'hui, même en Allemagne, le grand Münsterlander demeure un chien aux effectifs faibles.

Souvent éclipsés par des races plus spectaculaires, les Épagneuls de Münster ont pourtant des atouts certains pour séduire de nombreux chasseurs du vieux continent.

le Langhaar

À le voir, un non spécialiste pourrait le prendre pour un Braque allemand à poil long. Erreur ! Le Langhaar est en réalité un Épagneul et non un Braque. Une différence somme toute subtile, d'autant que l'omniprésent Braque allemand a sans doute servi à plusieurs reprises dans des retrempes plus ou moins officielles. Des retrempes qui sont certes indispensables, puisque la race connaît depuis toujours des difficultés liées à de très faibles effectifs ne permettant pas une sélection sur un nombre suffisant de géniteurs. D'ailleurs, le Braque allemand n'est pas le seul à avoir donné du sang au Langhaar. Le Setter irlandais et peut-être le Setter Gordon contribuèrent également au maintien de la race. Ces retrempes britanniques apportèrent à ce chien une amplitude de quête peu commune chez les chiens purement continentaux, ainsi qu'un port de tête plus haut. En cela, le Langhaar possède de nombreux atouts pour séduire le chasseur de perdrix en plaine.

Chiens d'Oysel en Westphalie

Pourtant, le Langhaar est depuis longtemps présent en Allemagne, principalement en Westphalie où l'on retrouve sa trace depuis plusieurs siècles comme chien de chasse au vol, ou chien d'Oysel. À l'époque, il s'agissait d'un chien beaucoup plus lourd que le modèle actuel, qui pèse entre 25 et 30 kilos. Il avait aussi une autre réputation, certes moins enviable : c'était un redoutable chien de défense employé avec succès par les gardes dans la lutte contre les braconniers.

Ce n'est pas un pleutre !

Cet aspect, bien que réel, est difficile à imaginer aujourd'hui, tant le Langhaar moderne est doux et ne présente plus aucune trace d'agressivité. En cela, la sélection a fait des merveilles et les cynophiles en charge de la race nous ont transmis sans doute le chien d'arrêt allemand le plus doux. Il ne faudrait pourtant pas en conclure que le Langhaar est un pleutre. Il fait d'ailleurs merveille dans la recherche du grand gibier blessé, du chevreuil surtout. Dans ce travail, sa gorge de hurleur permet de le retrouver à une grande distance. Aujourd'hui, le Langhaar est bien peu répandu dans le monde, y compris dans son pays d'origine. La Hollande est probablement le pays où il est le mieux représenté.

Aujourd'hui les meilleures souches de Langhaar de travail se trouvent en Hollande.

L'amateur averti devra sans doute diriger ses pas vers ce pays s'il veut trouver un sujet qui soit bien dans le style de la race, et non pas un patchwork de différentes races.

Les autres chiens d'arrêt

la Différence à tout prix ?

En dehors des trois grandes nations qui inventèrent un certain nombre de races de chiens d'arrêt, à savoir la Grande-Bretagne, l'Allemagne et la France, il existe dans d'autres pays des races de chiens d'arrêt plus ou moins connues. Parmi elles, une immense majorité sont anecdotiques, et ne représentent que quelques centaines de sujets. Il paraît donc bien difficile d'en parler, tant la sélection sur de véritables critères de travail reste aléatoire du fait du petit nombre de reproducteurs à la disposition des éleveurs.

Il en va ainsi de tous les Braques de la péninsule Ibérique, Perdiguero Portuges et Perdiguero de Burgos. Ces deux Braques rustiques présentent toutes les caractéristiques des chiens d'arrêt primitifs. Ils servirent d'ailleurs à l'élaboration de grandes races actuelles, comme le Pointer ou le Braque allemand. Mais aujourd'hui, malgré la bonne foi d'une poignée de passionnés, il semble bien que l'avenir de ces races soit compromis. Il en va de même de l'Épagneul hollandais ou du Barbu tchèque. L'absence de succès de ces races tient essentiellement au fait qu'elles n'apportaient rien de plus que les autres races existantes, tout en étant plutôt inférieures sur le plan des performances pures. Ainsi, pourquoi choisir un Barbu tchèque alors qu'il s'agit d'un chien très proche du Drahthaar et sans réelle originalité par rapport à lui ?

D'autres pays, par contre, ont donné naissance à des races qui ont rencontré un succès international ou même simplement national important, grâce à leurs spécificités. Ainsi le Spinone italien est le seul Griffon d'arrêt issu des pays du Sud, donc plus apte que les autres à supporter les difficultés climatiques et de terrain de ces régions. Pour cette raison, ces races nationales méritent que l'on s'y intéresse. De même, le Braque transalpin, véritable relique du Moyen Âge, retrouve une deuxième jeunesse grâce à la recherche d'identité d'un nombre croissant de chasseurs locaux.

Le Braque hongrois possède une variété à poil dur encore plus rare que le poil ras, même dans son pays d'origine, où la tradition de chasse est pourtant très forte.

le Griffon Korthals

S'il fut un chien d'arrêt réellement européen avant que les hommes ne construisent l'Europe, c'est bien le GAPDK (comprenez le Griffon d'arrêt à poil dur Korthals). En effet, si ce chien est allemand de naissance, son créateur n'en était pas moins hollandais, et c'est en France qu'il trouva une véritable terre d'adoption.

L'œuvre d'une vie

En 1850 naît Edward Karel Korthals, fils d'un riche armateur hollandais. Très tôt, le garçon se passionne pour la chasse, vouant en particulier un véritable culte à la recherche du gibier d'eau dans les marais. À l'âge adulte, sa passion le pousse à accepter, dans la Hesse, la charge des chenils du prince de Solms-Braunfelds chez lequel il émigre.

Là, il se heurte à la conception rigoureuse du chien de chasse des chasseurs germains. La région étant giboyeuse, mais aussi de terrain difficile, l'habitude était déjà prise d'utiliser des Griffons locaux pour la chasse, comme dans de nombreuses régions d'Europe. Il s'agissait en l'occurrence du vénérable Stichelhaar, une race traditionnelle remontant au Moyen Âge. Pourtant, très vite, Korthals ne se satisfait pas de ces vieilles races.

À l'époque, les chiens d'arrêt britanniques commencent à arriver sur le continent européen et notre homme est fasciné par leur efficacité. Il décide donc de créer une race possédant les qualités de rusticité des Griffons, tout en atteignant une efficacité proche de celle des chiens anglais.

Très méthodique, il rassembla dans ses chenils plusieurs centaines de chiens représentant à peu près toutes les races de Griffons existant alors, de Hollande, d'Allemagne, de Belgique et de France. Grâce à de savants croisements en consanguinité, il parvint à créer un chien correspondant à ses attentes. Il restait encore à fixer la race, car les Griffons présentent souvent la caractéristique de donner naissance à des chiens ayant soit le poil long et souple, soit le poil ras. Finalement, sur six cents chiens, sept seulement furent retenus par Korthals. Les amateurs de la race les appellent encore aujourd'hui les «patriarches». Ces sept ancêtres donnèrent naissance à soixante-deux chiens que Korthals inscrivit en tête de son livre d'origine, le fameux *Griffon Hunde Stammlung* dont le premier volume date de 1889. Un an plus tôt, le club de race avait vu le jour à Mayence. Huit ans plus tard, Edward Karel Korthals mourait à l'âge de quarante-six ans, léguant à ses amis, en particulier Warre et von Gingins, une race aboutie, parfaitement fixée. Pour preuve, le standard d'origine est toujours en vigueur, sans avoir subi de modifications, ce qui constitue un fait rarissime en cynophilie.

Le vrai chien rustique

N'oublions jamais que la passion de la chasse au chien d'arrêt est venue à Edward Korthals dans les marais de Hollande. La race qu'il créa est donc particulièrement adaptée au travail à l'eau. Du reste, il existait à l'époque en Europe de nombreuses autres races de chiens à poil dur ou bouclé utilisées pour la

Très populaire en France, le Griffon Korthals fait merveille à la bécasse malgré sa robe qui le rend peu visible en sous-bois.

Le poil dur disparaît

À l'origine, le poil dur est obtenu en élevage par le croisement d'un chien à poil ras, comme un Braque ou un Pointer, avec un chien à poil bouclé ou ondulé comme le Caniche. Fixer définitivement le poil dur a toujours été un peu aléatoire, car les lois de la génétique finissent par ramener la lignée soit vers le poil ras, soit vers le poil bouclé. Rares sont les races où l'on réussit à maintenir durablement le poil dur sans opérer de corrections avec l'un ou l'autre des types de poil. Toutefois, le Korthals est parmi les plus stables à ce point de vue.

chasse au gibier d'eau. De là vient sans doute la qualité première du Korthals et ce qui le caractérise le mieux: son poil. Rude au toucher, hirsute, il présente l'aspect des soies du sanglier. Sous le poil dur, on trouve une bourre formée de poils beaucoup plus fins et serrés, présentant un aspect un peu feutré, qui constitue le sous-poil. L'ensemble des deux donne une armure protégeant le chien contre le froid, l'humidité, les ronces et autres épines, n'ayant pas d'équivalent dans le reste de la famille des chiens d'arrêt. La présence de cette bourre représente d'ailleurs un critère sûr pour débusquer les éventuels mariages hors de la race. Certains éleveurs cédant à la mode de chiens toujours plus rapides croisent le Korthals avec un Braque allemand, voire un Pointer. Les produits issus de ces croisements n'ont bien souvent pas de sous-poil.

La couleur de cette robe est représentative des chiens germaniques: gris acier (on dit aussi «paille de fer») à taches marron, ou entièrement marron, souvent rouan. Les robes blanc et marron ou blanc et orange sont admises sans être recherchées. Le tout est complété de sourcils broussailleux et d'une paire de moustaches que n'aurait pas reniée Vercingétorix!

L'aspect général est celui d'un chien bien charpenté, solide, à la carrure imposante sans pour autant tomber dans la lourdeur. Sa taille est de 55 à 60 cm au garrot pour le mâle et de 50 à 55 cm pour la femelle. Le corps, de profil, s'inscrit dans un rectangle. Tout dans son apparence traduit le marathonien plutôt que le sprinter. Car le Korthals est d'abord et avant tout un chasseur pratique, fait pour les «sales besognes» dans les territoires les plus rébarbatifs, alignant les journées de chasse comme d'autres les médailles et les coupes. Vouloir en faire un galopeur capable de rivaliser de vitesse et de panache avec d'autres races continentales

La nature rustique du poil du Griffon Korthals le rend particulièrement résistant aux conditions difficiles, comme la chasse au marais en hiver.

Du style, que diable!

L'allure générale du Griffon est celle d'un galopeur au léger mouvement de bascule; ce mouvement ne doit pas être accentué. Le galop doit être soutenu et dans la note continentale. La quête sera étendue, passionnée et entreprenante. Le port de tête doit être au moins dans la ligne de dos et il est admis en léger marteau. Le travail de l'émanation et sa remontée doivent toujours se faire le nez haut. L'arrêt sera pris: la tête dans le prolongement de la ligne de dos au moins; le corps tendu et bandé, l'encolure allongée; les aplombs seront le plus souvent légèrement fléchis; la queue ne doit pas fouailler. Le coulé sera toujours félin et exécuté avec détermination et avidité (standard de travail du Griffon Korthals).

comme le Braque allemand ou l'Épagneul breton est sans doute une hérésie. Cette caractéristique explique certainement le peu de succès qu'il rencontre en Grande-Bretagne ou aux États-Unis, où l'on est plus habitué à chasser dans de grands espaces dégagés. Le Korthals, lui, est à son affaire dans les marais de Brière, à la recherche de quelques sarcelles, ou dans les ronciers normands, traquant prudemment la bécasse.

Du reste, la France est devenue la terre d'élection de ce chasseur-né. C'est de loin en France que résident le plus grand nombre de chasseurs amoureux du moustachu rébarbatif. Et c'est ce pays qui a officiellement la responsabilité du standard de la race. De très nombreux chasseurs l'utilisent pour la chasse de la bécasse au chien d'arrêt, une passion essentiellement française, qui demande au chien à la fois de la prudence, car l'oiseau est méfiant, de la persévérance, car les rencontres ne sont pas fréquentes, et du courage, car le biotope est constitué de bois très «sales». Toutes ces qualités sont réunies dans le Griffon Korthals.

Un dur au cœur tendre

La similitude du Griffon Korthals avec d'autres races germaniques a parfois entraîné un malentendu de taille: il ne possède pas le caractère bien trempé de ces derniers. Le Korthals est plutôt un cœur tendre, voire un sensible. Le dressage à la dure est donc à bannir, sous peine de voir le sujet se bloquer irrémédiablement. D'ailleurs, de nombreux dresseurs appréhendent de devoir dresser un Korthals, sachant pertinemment qu'il faudra de la douceur, du doigté et du temps. Dans le même registre, il faut savoir que cette race ne produit pas à proprement parler des chiens précoces. La première saison de chasse a de quoi déconcerter, car le chien est encore un chiot qui pense surtout à s'amuser. Un sujet chassant correctement avant un an est une exception. Mais le chasseur patient sera récompensé la deuxième saison, car son chien restituera alors avec beaucoup de générosité un dressage quelque peu délicat.

Sur le terrain, le Korthals est méthodique. Ne s'éloignant pas de son maître, il va de son petit galop énergique et légèrement basculant, ne négligeant pas une seule parcelle de terrain. La tête est le plus souvent portée à l'horizontale, dans le prolongement du dos. Il laisse au britannique la prise d'un point brillant à 200 mètres. Il fait son travail avec conscience, et même avec obstination. Il est en revanche

capable de tenir toute la journée le rythme qu'il prend au matin. Infatigable, il n'hésite pas à rentrer encore et toujours dans les fourrés rébarbatifs, alors que tous les autres chiens, transis et fourbus, sont sur les talons de leurs maîtres depuis longtemps. Et c'est encore lui qui ira rechercher le colvert tombé dans l'étang glacé le soir venu, alors que son maître de chasseur a décidé de prolonger la journée de chasse au faisan par une passée au canard.

Au bois, il n'hésitera pas à mettre de temps en temps le nez au sol, pour vérifier la voie fugace d'une bécasse ou celle, emmêlée depuis le matin, d'un vieux faisan. Il fera ainsi hurler le puriste, qui criera à l'hérésie, mais non point le chasseur soucieux d'efficacité, rappelant dans son comportement que les Griffons étaient à l'origine des chiens courants menant en suivant la voie au sol. Attention toutefois de ne pas croiser le chemin d'un chevreuil ou d'un lièvre, car dans ce cas aussi, ses origines de chien courant parleront et le Korthals aura bien du mal à se retenir de poursuivre cette odeur si tentante.

Continental dans l'âme, le Griffon Korthals a tout pour satisfaire nombre de chasseurs polyvalents, évoluant sur des territoires pas trop grands et surtout recouverts d'une végétation difficile, avec de multiples zones de marais. La mode des chiens britanniques l'a pourtant relégué un temps au second plan. Heureusement, tout le monde ne désire pas piloter une formule 1. Et dans les chemins de nos belles provinces, un tout terrain est souvent plus adapté. Il en va de même pour les chiens d'arrêt.

Jugé parfois trop lent par les chasseurs de plaine, le Korthals fait pourtant merveille dès que le terrain se referme un peu.

le Braque hongrois

La Hongrie est un pays réputé pour le sérieux de ses chasses et la densité du gibier, grand et petit. Il était donc tout à fait naturel que les chasseurs locaux mettent au point leur propre race de chien d'arrêt. Les traces de ce grand et solide chien à la couleur si caractéristique remontent au XIVe siècle en Hongrie. Ensuite, sous l'occupation turque, le Vizsla (c'était déjà son nom) fut croisé avec des chiens courants ottomans, jaunes eux aussi. Le Maghyar Vizsla était né.

Un sauvetage en pleine guerre

En 1916, le journal de chasse hongrois *Nimrod* lance un appel : le Braque hongrois est en voie de disparition et tous les propriétaires en possédant sont priés de se faire connaître. En 1920, le premier standard est rédigé, suivi par la reconnaissance officielle de la race par la Fédération cynophile internationale (FCI).

Dans l'intervalle, un éleveur hongrois, Kalman Erdelyi, avait offert un premier couple de Vizslas au maire de New York, marquant ainsi le départ d'une nouvelle carrière pour ce chien d'arrêt. Bien lui en prit car, quelques années plus tard, la Deuxième Guerre mondiale éclatait, plongeant la Hongrie dans le chaos. Il s'ensuivit plusieurs décennies de rideau de fer et d'occupation soviétique, durant lesquelles le Vizsla faillit à nouveau disparaître.

Il doit rester rustique !

Malgré tout, ce splendide chien refait surface dans son pays depuis vingt ans, et commence à séduire des chasseurs du reste de l'Europe. La conquête se fit surtout par le biais d'étrangers fortunés qui, ayant pu profiter des formidables possibilités de chasse au petit et au grand gibier en Hongrie, revenaient enthousiasmés par les prouesses des Vizslas locaux. Puis la présence en exposition et dans les revues spécialisées prit le relais. Aux États-Unis, la race a connu un succès grandissant depuis les années 1940, en tant que chien de chasse mais aussi, comme le Braque de Weimar, en tant que chien de compagnie. Sa présence est plus sensible sur la côte est.

Il existe une race à poil dur, beaucoup moins fréquente. De nombreux chiots naissent avec le poil ras ou le poil long et laineux. Pourtant, les éleveurs travaillent à cette fixation. Comme il s'agit d'une race à part entière et non d'une variété de la race originelle, les croisements entre poil dur et poil ras sont interdits.

Sur le terrain, le Braque hongrois est un chien plutôt pondéré dans sa quête, ne s'éloignant pas à plus d'une portée de fusil de son maître. Très amateur de travail au fourré et à l'eau, il possède le plus souvent un rapport naturel. Il arrive fréquemment au Vizsla de pister au sol le gibier, ce qui fait hurler les tenants des field-trials, mais pas les chasseurs hongrois. Ceux-ci n'oublient pas que ce chien est issu d'un chien courant, dont il possède d'ailleurs le fouet fin. Il est aussi capable de faire un excellent chien de sang et se sert volontiers de sa gorge de hurleur. N'oublions jamais que le fier Maghyar Vizsla est un chien rustique de chasse pratique, et non une pâle copie des sprinters britanniques.

Les vicissitudes politiques ont malmené la race, mais le Braque hongrois tente aujourd'hui un retour en Occident.

le Braque italien

Lorsqu'on visite un musée européen dont les collections comportent des peintures de l'école flamande du XVIIIe siècle, on voit très souvent des représentations d'un chien d'arrêt au noble port de tête, accompagnant les chasseurs dans leurs parties de campagne. Il s'agit toujours du Braque italien car la race remonte au Moyen Âge et fut sans doute la première à faire l'objet d'une véritable sélection. Du reste, ce Braque se retrouve aux côtés de toutes les têtes couronnées d'Europe durant plusieurs siècles.

Certes, il existe d'autres races aussi anciennes, dont découlent notamment le Braque français, le Griffon Korthals ou le Spinone. Mais aucune n'a su conserver un type aussi proche de ses origines. Toutes les autres se sont transformées, perdant en lourdeur, gagnant en vitesse, pour finalement ne conserver qu'une lointaine ressemblance avec la race initiale.

Le Braque italien, lui, est resté le même. Il porte fièrement une tête massive, soutenue par un cou puissant présentant des fanons. Les babines sont bien tombantes, et les oreilles longues. Le regard est presque un peu hautain. En présence d'un Braque italien, on a l'impression d'avoir sous les yeux, vivante, une image de notre histoire.

Une fierté nationale

Pourtant, le Braque italien a bien failli disparaître, y compris dans son pays d'origine. Concurrencé par les chiens britanniques, il n'évolua pas comme les autres races continentales pour relever le défi. Les chasseurs se détournèrent donc de lui petit à petit. Paradoxalement, c'est cette absence d'évolution qui le sauva car, à force d'être démodé, le Braque italien redevint attrayant pour une partie des chasseurs transalpins qui souhaitaient un chien « différent », original. Sous l'impulsion d'un club très dynamique, les naissances annuelles remontèrent pour dépasser le millier dans les années 1990 ; un chiffre plus qu'honorable.

Un chien d'amble

Sur le terrain, le Braque italien se montre un chasseur méthodique, doté le plus souvent d'un nez fin qui lui permet de remonter des émanations très légères. La quête est plutôt courte, bien que l'apport de sang de Pointer ait donné un peu d'envergure à ce chien, qu'il faut parfois retenir pour éviter le galop. De même, cet apport faillit faire disparaître l'une des caractéristiques de cette race, qui est de chasser toujours en trottant l'amble, c'est-à-dire en avançant en même temps les pattes avant et arrière du même côté.

Assez populaire dans son pays, le Braque italien ne s'est cependant jamais exporté car il n'apportait rien de plus que les races locales ou d'autres races étrangères. C'est donc surtout inspirés par un sentiment de fierté nationale que les chasseurs italiens continuent à utiliser ce magnifique témoignage des chasses royales du temps jadis.

Véritable relique, le Braque italien rencontre un bon succès chez les chasseurs transalpins.

le Spinone

À l'heure actuelle, deux Griffons représentent encore en Europe l'immense famille que fut celle des Griffons d'arrêt continentaux depuis le Moyen Âge, du nord au sud et de l'est à l'ouest : le Korthals et le Spinone. Ce sont les deux seuls à ne pas être des demi-sang anglais continentaux. Cependant, le Spinone n'en est pas pour autant un chien désuet et dépassé.

Certes, il ne répond pas forcément aux besoins des amateurs de fields de printemps, où les chiens doivent terrasser des couples de perdrix dans les immensités sans obstacles des plaines céréalières couvertes d'un mince tapis vert. Mais le Spinone est chien à tout faire, capable de seconder efficacement son maître dans toutes les circonstances d'une chasse à la billebaude telle que l'apprécient l'immense majorité des porteurs de fusils continentaux.

Le seul Griffon du sud

Le Spinone trouve sans doute ses origines dans des chiens blancs connus à la cour de France depuis de nombreux siècles. D'autres auteurs font remonter ses origines encore plus loin, assurant que l'on en trouve trace dans les écrits des Romains, et même des Grecs anciens ! Sans aller jusque-là, disons que des Griffons d'arrêt sont depuis longtemps présents sur l'ensemble de la péninsule italienne et que les expositions naissantes de la fin du XIXe siècle contribuèrent rapidement à uniformiser la race, qui perdit des caractères régionaux propres à chaque terroir.

Un succès mitigé à l'export

Comme le Braque italien, le Spinone ne s'est jamais vraiment exporté. Pourtant, comme lui, il est assez populaire dans son pays d'origine. La grande différence entre ces deux races alpines est que le Spinone, lui, n'a pas d'équivalent dans les races de terroir européennes du sud. On peut en effet comprendre qu'un chasseur auvergnat préfère, pour traquer la perdrix rouge sur les Causses, un Braque d'Auvergne plutôt qu'un Braque italien. Mais il n'y a pas de Griffons adaptés aux difficiles biotopes du sud de l'Europe en dehors du Spinone.

Soleil torride, garrigue impénétrable, sol caillouteux, bourrasques dans l'arrière-pays : le Spinone est là à son affaire. Son poil serré et légèrement frisé le protège efficacement. Explorant le terrain de son galop ample, il arrête fermement et rapporte sans problèmes. Souple de caractère, il accepte facilement le dressage et ne nécessite pas de doigté comme les chiens anglais ou de la poigne comme les allemands. En cela, il est le chien idéal du chasseur débutant.

Le Spinone est le seul Griffon issu d'un pays chaud, ce qui lui donne un atout certain dans la végétation méditerranéenne.

Le dressage

Dresser son chien en dix-sept leçons

Presser son chien d'arrêt est une tâche ardue, qui nécessite de nombreuses qualités au premier rang desquelles il faut placer la patience. Mais ce n'est pas suffisant. Le dresseur en herbe aura également besoin de terrains appropriés, c'est-à-dire permettant de mettre le chien dans des situations de chasse ; il lui faudra du gibier, d'élevage bien sûr, pour commencer, mais très vite aussi du gibier plus sauvage, et enfin du temps à consacrer à son auxiliaire.

Pour dresser un chien, il faut commencer par le comprendre. Tous ne fonctionnent pas selon le même mode. Il y a des chiens timides à encourager, des fougueux à canaliser, des « durs à cuire » à mater. Comprendre un chien, c'est déjà réussir 50 % de son dressage. Les meilleurs dresseurs sont ceux qui arrivent à penser comme un chien plutôt que d'essayer de faire coïncider des réactions canines avec des réactions humaines. L'anthropomorphisme ne mène qu'à l'échec car un chien n'est pas un humain, et il ne pense pas de la même façon.

L'efficacité d'un chien d'arrêt réside dans sa capacité à trouver un gibier et à l'arrêter pour le mettre à la portée du chasseur. Un chien qui ne fait que trouver des faisans sortis une heure plus tôt de leur caisse n'est pas un chien efficace. Il ne fait rien de plus que ce que son maître pourrait faire sans lui. Or, son utilité est d'effectuer un travail que le chasseur ne peut faire seul. C'est pourquoi seul le gibier sauvage permet au chien de chasse de devenir réellement chasseur.

Il faut donc avant tout favoriser l'instinct de chasse de l'animal. Un homme ne pourra jamais apprendre à chasser à un chien. Seule la nature peut le faire ; le dressage se contentera de canaliser cet instinct pour le rendre utilisable dans le cadre d'une collaboration réussie avec le chasseur. Vouloir transformer un chien en une machine parfaitement obéissante risque d'en faire un robot, incapable des initiatives qui font les grands moments de chasse. Ce n'est pas le dressage qui fait le chien d'arrêt hors pair, c'est la passion et les qualités naturelles de nez, de quête, l'esprit « trouveur » du chien.

N'oubliez pas : de la patience, de la compréhension, de la douceur, et vous devriez vous en sortir. Si toutefois des problèmes se posaient, reste le recours à des professionnels. Ils sont nombreux, et quelques-uns sont exceptionnels. Ils peuvent vous aider à rattraper une erreur, mais ils sont aussi là pour mener à bien un dressage complet. C'est souvent préférable si le chasseur ne se sent pas à la hauteur de la tâche. Mieux vaut confier son chien à un homme de l'art que rater un dressage.

Double page précédente : Max Carli, dresseur renommé, ici avec un Braque allemand au rapport.

Page ci-contre : Jean-Paul Koumchasky, dresseur professionnel installé dans la Somme, avec deux Setters anglais à patron.

Leçon 1

Assis

C'est sans doute ce par quoi commencent la plupart des nouveaux propriétaires de chien en matière de dressage. On habitue le chien à s'asseoir à l'ordre pour des raisons pratiques autant que pour l'utilisation à la chasse ; en effet, dans beaucoup de circonstances de la vie quotidienne, un membre de la famille ordonnera au chien de s'asseoir. Cette première leçon, qui paraît facile, ne doit pas pour autant être bâclée.

1 Le dresseur tient devant le museau du chien une récompense qui maintient l'animal dans la bonne position.

2 Dans le même temps, il appuie d'une main ferme sur l'arrière-train du chien tout en répétant l'ordre « Assis ».

3 **Dès que la position est bonne, la récompense arrive, permettant ainsi au chien de comprendre qu'il a bien agi.**

Dur, la vie de famille

Pour un propriétaire de chien, il y a plus difficile que de dresser son chien : c'est de dresser sa famille… En effet, un ordre doit toujours être exécuté ; il doit être donné de façon claire et dans une situation qui permette au chien de le respecter. Aussi, tous les membres de la famille doivent être conscients de l'aspect impératif du dressage et ne pas gâcher les leçons difficilement assimilées.

4 **En action de chasse, il arrivera fréquemment au chasseur de se servir de l'ordre « Assis ». De plus, certains dresseurs tiennent à la position assise lorsque le chien remet une pièce de gibier à son maître après un rapport.**

Leçon 2

le Rappel

Nous abordons ici le point crucial du dressage. Sans un rappel impeccable, il est impossible de chasser dans de bonnes conditions avec un chien d'arrêt. C'est aussi le point qui est le plus souvent problématique pour les propriétaires de chiens. Revenons à l'apprentissage de base.

Illusion d'optique

Il est avéré qu'en s'agenouillant, on incite un chien à revenir plus vite. Certains l'expliquent par le fait que, visuellement, l'image du maître rapetisse alors aux yeux du chien, lui faisant croire qu'il s'en va ; l'animal aura à cœur de le « rattraper » le plus rapidement possible.

1 Ici comme ailleurs, tout réside dans un subtil mélange entre la fermeté, qui va s'exprimer par la laisse, et la douceur des félicitations pour une leçon bien exécutée.

2 La laisse coulissante permet de serrer le chien lorsque le besoin s'en fera sentir. Elle doit avoir une certaine longueur.

3 Le chien gambade au bout de son trait. L'ordre « Ici » intervient, répété plusieurs fois. Le chien s'interroge. Par une série de secousses brèves et fermes, le dresseur ramène le chien à lui en continuant d'ordonner « Ici ».

4 Le chien et revenu près de son maître par la contrainte, mais la récompense est là pour lui faire comprendre que revenir à l'ordre « Ici », c'est bien !

5 Par la suite, la laisse est remplacée par une longe beaucoup plus longue. Enfin, le lien est supprimé, et l'exercice refait en liberté. À ce stade, si le chien n'exécute pas l'ordre parfaitement, il faut revenir à la longe jusqu'à un rappel parfait.

la Marche en laisse

Dans notre société actuelle, le chien se déplace en permanence en compagnie de son maître, dans un environnement hostile ou inadapté à la liberté totale. Dès lors, la maîtrise d'une marche en laisse agréable pour les deux est indispensable, pour que la promenade ne se transforme pas en course-poursuite.

Toujours à gauche

Il est intéressant d'apprendre à son chien à marcher en laisse toujours du même côté. Pour les droitiers, le côté gauche semble le plus approprié. Ainsi, le chasseur dispose de son bras droit pour tenir le fusil cassé à la saignée du coude en toute sécurité. Les gauchers placeront leur chien à droite.

Le chien aime tirer sur sa laisse. C'est naturel. Or, pour le maître, cela devient vite un calvaire ! Plus il le retient, plus le chien tire fort. C'est sans fin.

2 Il faut rétablir la hiérarchie : « C'est moi qui commande ! La promenade se fait à mon rythme, et toujours du même côté. » Il faut imprimer à la laisse de brusques tractions en arrière et non pas une tension constante, qui incite le chien à tirer toujours plus. En langage de dressage, c'est ce qu'on appelle le « coup de sonnette ».

3 Ensuite, il faut tenir le chien en laisse assez serré pour le forcer à marcher au niveau des genoux de son conducteur. Une badine servira à lui tapoter le nez s'il fait mine de tirer et de dépasser son maître. Pendant ce temps, l'ordre « Au pied » est répété régulièrement.

4 Lorsque le chien commence à comprendre la leçon, le dresseur place dans sa main une récompense. Automatiquement, le chien met son museau dans la main, se positionnant ainsi correctement.

5 Plus tard, il sera possible d'enlever la laisse et de continuer l'entraînement afin d'obtenir du chien qu'à l'ordre « Au pied » il se place automatiquement au bon endroit et calque sa vitesse sur celle de son maître.

la Passion avant toute leçon

Il ne faut pas perdre de vue le principal rôle du chien d'arrêt : chasser. Cela peut sembler une lapalissade, mais c'est la passion de la chasse, et donc l'avidité à trouver qui conditionnent en totalité l'efficacité future d'un chien. Vouloir dresser un sujet avant que celui-ci n'ait découvert le plaisir de la chasse revient à mettre la charrue avant les bœufs.

Comment accepter une contrainte sans connaître le but final ? Au contraire, un chien avide de capture acceptera par la suite plus facilement des contraintes venant rendre son action plus efficace.

Laissez-le courir

Il ne faut jamais oublier qu'il est bien plus facile de discipliner un élève fougueux et passionné que de pousser à la chasse un sujet bloqué et manquant d'avidité. Le premier donnera souvent un grand chien alors que le second se révélera médiocre. Laissez donc votre chien poursuivre le gibier à ses débuts, et surtout ne le corrigez pas s'il en capture un par hasard. Un sujet sensible pourrait être dégoûté du gibier. Une fois sa passion bien assurée, vous aurez tout loisir de lui imposer des limites.

Procédons selon une logique implacable… D'abord, il faut savoir ce qu'est une caille. Le chien découvre l'odeur et le fait que « ça vit ».

2 Si on laisse l'oiseau tenter de s'échapper, le chien va automatiquement essayer de s'en saisir. L'instinct de capture apparaît.

3 « Et en plus, ça vole ! ». Le chiot, subjugué, voit l'oiseau lui échapper. Il voudrait le poursuivre.

4 Le fauve est lâché ! Il va falloir plusieurs séances pour que l'élève comprenne que, décidément, il ne peut rattraper un oiseau en vol.

5 Maintenant, c'est à lui de trouver la caille au sol. Il doit donc apprendre à chercher. À ce niveau, le chiot trouve un oiseau et court après pour l'attraper. La passion de la chasse est en lui. Le dressage peut commencer.

Leçon 5

le « Down »

Arrêter son chien en tout lieu, en toute circonstance, voilà la finalité du « down ». Il ne s'agit pas de terroriser le chien et d'obtenir sa soumission totale et servile. Il faut seulement que cet ordre à distance soit parfaitement effectué pour éviter un accident, mais aussi pour faire durer un arrêt qui menace de rompre du fait du chien.

1 La laisse tenue solidement, le dresseur appuie sur la nuque du chien de façon à l'abaisser. La pression est ferme et continue. Il répète l'ordre « Down ».

Couché ou assis ?

Dans les faits, de nombreux chasseurs n'exigent pas de leur chien qu'il prenne une pose académique. Il est vrai que si l'ordre est parfaitement exécuté, le chien peut très bien rester assis. Là n'est pas l'essentiel. Toutefois, pour d'autres, la position couchée, la tête entre les pattes, possède des vertus d'assouplissement. À chacun sa religion.

2 Le chien n'a pas le choix, il descend malgré lui. La laisse est toujours là pour aider à réaliser la manœuvre.

3 Le chien est en position. Le dresseur répète l'ordre et relâche petit à petit la pression quand il sent que le chien ne bougera pas. Dès qu'il bouge, il appuie de nouveau et répète l'ordre plus fermement.

4 La leçon est apprise. Après récompense, le maître peut s'éloigner un peu. Dès que le chien se relève de lui-même, il revient vers lui pour le remettre au « down ». La position n'est quittée que lorsque l'ordre est donné. Il faut toujours finir une leçon sur une réussite du chien pour lui permettre de « méditer » jusqu'au prochain essai.

5 Le danger est là, l'ordre claque, l'exécution est immédiate. Au début, le dresseur rejoint le chien pour le libérer. Il ne le fera à distance que plus tard.

Leçon 6

l'Arrêt

Un chien d'arrêt est fait pour... arrêter. Cela semble évident, mais il faut bien se dire que le réflexe d'arrêt est naturel, le dressage n'étant là que pour le conforter et le faire durer afin de permettre au chasseur de se placer dans de bonnes conditions pour tirer. La première étape consiste donc à attendre que le chien se « déclare », c'est-à-dire qu'il arrête son premier oiseau de lui-même.

1 Le chien arrête naturellement un oiseau. Le dresseur intervient alors pour l'empêcher de se servir tout seul, c'est-à-dire de « bourrer » le gibier pour le faire voler, ce qui était le cas jusqu'à présent, lors de poursuites d'oiseaux sans contrainte.

2 Doucement, et en calmant le chien de la voix, le dresseur passe une laisse autour de son cou. Si le chien fait mine de démarrer pour faire voler, il peut le retenir fermement, mais sans violence.

3 **Il est également possible de procéder à plus grande distance, au fur et à mesure des progrès de l'élève, en utilisant une longe. Le principe reste le même : félicitations tant que le chien tient l'arrêt et retenue par le lien s'il veut faire voler.**

L'arrêt est toujours fragile

Il ne faut pas chercher à forcer la nature en multipliant les leçons avec du gibier d'élevage. Dans ce cas, le jeune élève aura tendance à vouloir se saisir de la proie qu'il « sent » vulnérable ; et le maître, croyant bien faire, l'en empêchera, au besoin en le corrigeant. Dès lors, le chien risque de comprendre l'inverse de ce que l'on cherche à lui inculquer et d'associer le gibier à la réprimande, avec les conséquences que l'on imagine.

4 **Lorsqu'un chien ne marque l'arrêt qu'un trop court instant, il faut l'amener sur le gibier directement à la longe et le forcer à se maintenir à distance, à marquer l'arrêt en quelque sorte.**

5 **La leçon est comprise. Il ne faut pas oublier de féliciter le chien pour lui faire comprendre qu'il a fait ce que l'on attendait de lui.**

Leçon 7

la Peur du coup de feu

Combien de chiens d'arrêt ont été irrémédiablement gâchés faute d'avoir été correctement habitués au coup de feu ? Le maître, croyant bien faire, emmène sa jeune recrue sur un stand de ball-trap. Catastrophe : le chiot, paniqué au bruit assourdissant de ces centaines de détonations, associera ensuite le coup de feu au moment sans doute le plus désagréable de sa vie. Dans le meilleur des cas, il en gardera un souvenir cuisant, dans le pire des cas, il sera définitivement terrorisé. Il était pourtant simple de procéder par étapes.

Ce qu'il ne faut surtout pas faire. Le chasseur, si habitué au coup de feu, ne se rend pas compte de ce que la détonation représente pour ce jeune Setter anglais. Il ne faut jamais oublier que le bruit est toujours moins important pour le tireur que pour ceux qui se trouvent à proximité.

2 **Il existe sur le marché des petits revolvers dits « d' alarme » qui utilisent des munitions sans projectiles, produisant une détonation plus faible qu'une arme de chasse. Mais il est préférable, pour commencer, d'utiliser un petit pistolet à pétard pour enfant. L'idéal est d'utiliser cette « arme » juste avant de donner à manger au chiot, dès trois mois. Le sujet comprendra vite que la détonation est synonyme de plaisir et non de désagrément.**

Le baptême du feu : pas trop tôt...

Ce n'est qu'une fois le jeune chien bien avancé dans le dressage que l'on passera de façon très progressive au fusil de chasse classique, mais toujours en action, sans jamais le sortir de son contexte pour que, dans la tête de l'animal, le coup de feu soit toujours associé à la chasse.

3 **Ensuite, on passe à une détonation plus importante. Le chien est déjà passionné par la poursuite de l'oiseau. Le dresseur tire une cartouche dans le feu de l'action. Là encore, tout au plaisir de la poursuite, le chien associera le coup de feu à une joie.**

Leçon 8

le Rapport forcé

Pour de nombreux chasseurs continentaux, le rapport constitue, à l'égal de l'arrêt, la pièce maîtresse du travail de leur chien. Les Britanniques laissent cette tâche aux spécialistes, les retrievers. Mais tous les chiens d'arrêt n'ont pas envie spontanément de rapporter. Il faut donc leur apprendre à effectuer ce travail. Pour certains, il est appelé « forcé » mais on obtient toujours beaucoup plus par la douceur.

1 Le chien doit prendre l'apportable. On lui ouvre la gueule et on y place l'objet. La gueule est maintenue fermée tout en répétant l'ordre « Prends ». Lorsque le chien comprend, la gueule est lâchée. À l'ordre « Donne », le chien échangera l'apportable contre une récompense.

2 Une fois les phases précédentes assimilées, l'apportable doit être pris de plus en plus bas, puis directement sur le sol.

3 **Le chien sait désormais prendre et porter. Il doit maintenant marcher avec l'apportable ; au besoin, on lui tient gentiment la gueule.**

4 **Si le chien refuse obstinément de prendre : pincez-lui l'oreille (pas trop fort) ; placez l'apportable en gueule et stoppez immédiatement la punition.**

5 **Le rapport doit rester un plaisir, pour le chien comme pour le maître, et les félicitations constituent le meilleur moteur.**

Plus tard ou... maintenant

Pour certains chasseurs le rapport, appris trop tôt, perturbe la qualité de l'arrêt, le chien pouvant se tromper dans la finalité de son travail et vouloir trop tôt se saisir de l'animal en cassant son arrêt. Mais pour d'autres, comme le dresseur Max Carli (sur les photos), le rapport peut être appris dès huit mois. Il est sans danger pour l'arrêt car, s'il est bien mené, il ne constitue pas un amusement pour le chien. Par contre, il s'agit d'un travail précis et long, qui ne s'improvise pas et demande de réelles qualités de dresseur.

Leçon 9

le Rapport à l'eau

La chasse aux canards est la préférée des chasseurs américains. En Europe, cette activité compte aussi de très nombreux adeptes. Mais pour le chasseur qui ne dispose pas d'un chien du type retriever, spécialisé dans ce travail, il convient d'habituer son chien d'arrêt à rapporter en se mouillant.

1 Tous les chiens n'acceptent pas de bonne grâce le travail dans l'élément liquide, *a fortiori* lorsqu'il faut ramener un lourd gibier. Comme toujours, il faudra procéder par étapes et ne s'attaquer à cet aspect qu'une fois le rapport parfaitement effectué sur la terre ferme.

2 Le chien est d'abord envoyé au rapport d'une pièce tombée sur la terre ferme mais qui le force à traverser une faible quantité d'eau. Ensuite, on le fait rapporter un gibier tombé dans très peu d'eau.

3 Petit à petit, la « traversée » augmentera, juqu'à ce qu'on obtienne finalement que le chien nage pour prendre le canard et revenir.

J'aime pas l'eau !

Même s'ils sont rares, il existe des chiens qui n'aiment pas l'eau. Il faudra donc les y habituer progressivement. Pour cela, le maître devra payer de sa personne et rentrer lui aussi dans l'eau. La phase la plus délicate réside dans l'instant où le chien perd pied. Là encore, le chasseur devra... nager. Cependant, dans de tels cas, la stimulation d'un autre chien fait parfois des miracles.

4 Il ne faut pas que le chien pose la pièce pour s'ébrouer, en sortant de l'eau, avant de finir le rapport. Un canard désailé aurait vite fait d'exploiter la situation. Le chien ne s'ébrouera qu'une fois la pièce remise à son maître.

les Rapports difficiles

Avec un peu d'entraînement, pratiquement tous les chiens peuvent rapporter une perdrix à leur maître sans trop de difficultés et avec un minimum d'efficacité. Pourtant, il arrive que certains sujets, heureusement rares, continuent à poser problème au rapport. Et puis il y a tous les rapports dits difficiles, car demandant au chien un effort supplémentaire, lié à la nature du gibier ou à son volume. Voici donc une série de trucs et d'astuces pour vous aider dans ces cas délicats.

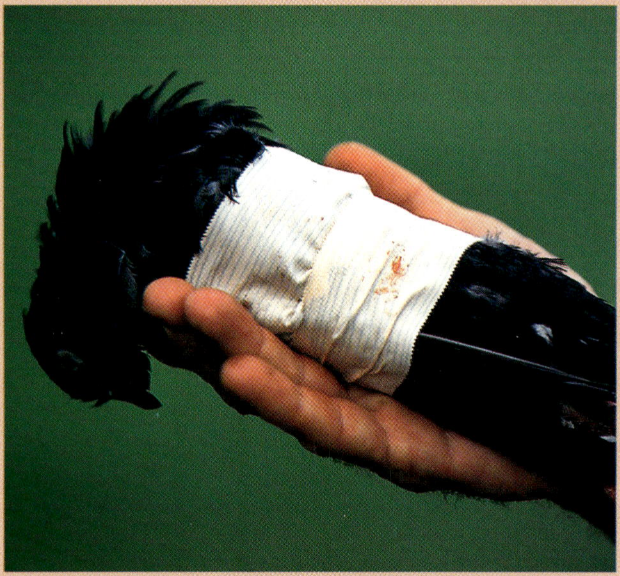

1 En général, le chien ne présente pas réellement de blocage sur l'acte de ramener ; il le fait très bien avec un apportable en bois ou en tissu. Mais pour certains chiens, le simple contact de leur gueule avec la plume les dissuade de rapporter. Afin de vaincre ce dégoût, il peut s'avérer utile de les faire travailler avec un gibier que l'on aura préalablement entouré de sparadrap. Au bout de quelques séances, il sera possible de diminuer petit à petit cet habillage pour le supprimer progressivement tout à fait.

2 De nombreux sujets, surtout chez les chiens d'origine allemande, font parfois preuve de « dent dure », c'est-à-dire qu'ils serrent un peu trop le gibier, l'abîmant par là même irrémédiablement. Il est possible de bricoler de petits picots qui dissuaderont rapidement le sujet de trop serrer l'oiseau.

3 Le poids du gibier, ou son volume, pose parfois problème au chien. Le seul moyen d'obtenir le rapport d'une pièce volumineuse consiste à l'y habituer progressivement et à ne surtout pas vouloir griller les étapes. D'abord une caille, puis une perdrix, un faisan, et enfin un gros colvert.

4 Pour le poil, le chien doit souvent s'habituer en commençant par un apportable (une bûche du diamètre d'un poing) recouvert d'une peau de lapin ou de lièvre séchée. Le rapport direct d'un animal est en effet souvent refusé sans un entraînement préalable.

5 Rapporter un nuisible fait partie des exercices demandés lors des épreuves de travail des chiens d'arrêt en Allemagne. Ici, comme toujours, seule une lente progression permettra au chien de vaincre sa répugnance naturelle pour l'odeur du carnassier.

6 Le chien qui lâche fréquemment la pièce qu'il rapporte avant d'être arrivé à son maître doit faire l'objet d'un dressage strict. Il faut le forcer à reprendre, en revenant avec lui là ou il a lâché l'objet, et ce jusqu'à arriver au point où le chasseur se trouvait initialement. Il ne faut surtout pas tolérer le moindre relâchement. Le chien rapporterait alors chaque fois un peu moins bien.

Leçon 11

la Quête croisée

Le chien est passionné de chasse, il cherche avidement le gibier, mais pour qu'il devienne vraiment efficace et rende service à son maître, il faut organiser un peu cette quête. Le chien doit effectuer des lacets réguliers devant son maître, en repassant devant lui à distance de tir, sans omettre une partie du terrain et en s'appuyant sur le vent. C'est la quête croisée.

Le mieux est l'ennemi du bien

Attention à ne pas trop «robotiser» un chien. Il doit, pour rester efficace, garder une bonne dose d'initiative personnelle. Cela ne veut pas dire être indiscipliné. Un chien peut être aux ordres à 100 mètres de son maître ou être «sorti de la main», c'est-à-dire hors contrôle, à 10 mètres seulement.

Le chasseur se place face au vent avec son chien. Puis il court avec lui vers la gauche, de façon à décrire un lacet. Lorsque le lacet est assez étendu, il se tourne brusquement en sifflant et en indiquant la direction à suivre. Le but est d'obtenir du chien qu'il comprenne la direction indiquée ainsi que l'ordre de tourner au coup de sifflet.

2 Après quelques séances, la laisse est retirée mais le maître continue de courir avec son chien en lui indiquant la direction et en sifflant au moment de tourner.

3 Petit a petit toutefois, l'accompagnement se réduit, le maître ne fait plus que quelques foulées dans la bonne direction, laissant le chien finir le lacet seul et tourner au coup de sifflet.

4 Le chien fait maintenant seul ses lacets automatiquement devant le chasseur, qui marche seul en ligne droite, face au vent. Le sifflet sert à le remettre dans le droit chemin lorsque le chien oublie de tourner en bout de lacet.

le Coulé

Attention, nous entrons ici dans un domaine beaucoup plus technique et pointu du dressage. Autant le dire tout de suite, tous les chiens d'arrêt n'arrivent pas à ce stade. Il s'agit en effet, sur ordre, de demander au chien de rompre son premier arrêt sur l'émanation, en douceur, pour suivre un oiseau qui se sauve à patte, tout en restant en arrêt. C'est « l'arrêt en mouvement » en quelque sorte.

1 Un pigeon est entravé pour l'obliger à fuir à patte sans s'envoler. Le chien, malgré le « Down » que son maître lui ordonne, rompt l'arrêt et poursuit l'oiseau pour tenter de s'en saisir... oubliant la laisse !

2 La réprimande est sévère ; la faute est de taille et le chien doit impérativement le mesurer...

3 On reprend. Le chien se méfie et y regarde à deux fois avant de reprendre la poursuite. La leçon porte.

4 Doucement, le dresseur s'avance au fur et à mesure que l'oiseau fuit. Le chien marche sur des œufs, il est calmé par le geste et par la voix. « Doucement, coule ». C'est presque gagné. Au fil des leçons, la laisse va se détendre, et le chien coulera en contrôlant lui-même sa vitesse.

Ça vole !

De nombreux chasseurs se demandent comment procéder avec leur jeune chien lorsque celui-ci est à l'arrêt et que l'oiseau rechigne à s'envoler. Les avis divergent. Certains préconisent de donner l'ordre au chien de faire voler. Mais le risque est grand, avec un jeune élève, de le voir très vite ne plus attendre l'ordre pour se servir. L'idéal est bien sûr le coulé à l'ordre, mais tous les chiens n'ont pas immédiatement la maturité suffisante pour assimiler ce point de dressage. D'autres chasseurs passent devant leur chien pour faire voler. Toutefois, certains sujets au caractère bien trempé le vivent comme une frustration. Une solution consiste à jeter devant le chien une branche ou un caillou pour provoquer l'envol... en attendant de lui apprendre à couler.

5 En action de chasse, le chien s'est arrêté après une remontée d'émanation. Le chasseur le rejoint, mais les oiseaux ont piété. « Allez, coule » ; instants magiques...

Sage à l'envol

La sagesse à l'envol permet au chasseur de tirer un oiseau qui s'envole dans de bonnes conditions, car un chien qui court derrière l'oiseau gêne indubitablement le tir. C'est un point de dressage délicat, mais indispensable pour gagner en concours de travail.

Le mythe de l'oiseau blessé

De nombreux chasseurs clament haut et fort qu'ils sont contre la sagesse à l'envol car un chien qui poursuit le gibier retrouve parfois un oiseau blessé que le tireur jurerait avoir manqué.

Peut-être ; mais pour un cas de ce genre, combien de tirs manqués réellement parce que le chien gêne le tireur. Toutefois, dans les faits, la sagesse à l'envol disparaît souvent en partie au fil des saisons de chasse. Reste quand même un temps d'arrêt, entre l'envol et le début d'une poursuite qui s'interrompt vite, qui permet de tirer dans de bonnes conditions.

1 Même parfaitement mis à l'arrêt, un chien qui a la passion de la chasse poursuit le gibier à l'envol. Son envie de capture l'entraîne immanquablement derrière le gibier.

2 Le dresseur récupère son élève sans ménagement, en lui faisant comprendre qu'il n'est vraiment pas content.

3 **Puis il le ramène là où l'arrêt a eu lieu et lui explique plus que fermement que cette place n'aurait pas dû être quittée. Non mais !**

4 **Après plusieurs séances, c'est gagné : le chien comprend que son maître ne veut pas qu'il coure après l'oiseau.**

l'Arrêt à patron

Le chasseur vraiment averti finit inévitablement par avoir un deuxième chien d'arrêt. Chasser avec deux chiens, c'est comme pêcher avec les mouches que l'on a montées soi-même ; ça confine au nirvana ! Pour autant, si l'on veut que le rêve ne se transforme pas en cauchemar, il reste une formalité à régler : c'est l'arrêt à patron. Lorsqu'un chien pose un arrêt sur un oiseau, l'autre doit s'arrêter à la vue du premier sans même avoir connaissance du gibier, afin de le respecter. Enfin, une formalité, c'est vite dit...

L'exemple des aînés

Nous avons vu que la présence d'un aîné est indispensable au dressage d'un jeune chien à patron. Mais le principe voulant qu'un vieux chien apprenne à un jeune à chasser connaît vite ses limites. En effet, pour le novice, la tentation est grande de se caler derrière l'« ancien », et de se contenter d'attendre que celui-ci fasse tout le travail de recherche. Il faut donc permettre au jeune de développer tout seul ses capacités auparavant.

Il faut d'abord disposer d'un chien parfaitement dressé, mis à l'arrêt. Celui-ci ne devra pas broncher pendant que l'on apprend au second à patronner. En général, on fait appel à un vieux briscard. L'élève va vouloir aller aux nouvelles, trouver lui même le gibier. Un « Down ! » énergique vient calmer ses ardeurs ; la laisse se tend.

2 À force de « Down » et de tirées brusques sur la laisse, le chien va se calmer et comprendre. On le félicite, et la laisse peut commencer à se détendre. Elle se retend immédiatement s'il fait signe d'avancer.

3 La laisse n'est maintenant plus nécessaire, le chien à patron est tenu uniquement par un « Down » énergique.

4 Ici, le dresseur montre son savoir-faire et la différence qui existera toujours entre un « pro » et un amateur. Mais c'est quand même une superbe image...

Leçon 15

Pour ou contre le collier de dressage ?

Adulé par les uns, condamné par d'autres, le collier de dressage électronique a fait son entrée chez les chasseurs de France il y a une dizaine d'années. Aux États-Unis, son emploi s'est généralisé il y a plus de vingt ans. Il peut être un moyen de dressage performant, pour peu que deux principes de base soient respectés : le collier est un outil, rien de plus. Comme pour toute sanction, l'abus peut amener un résultat opposé à celui que l'on escomptait. Le but n'est pas ici d'entrer dans le détail d'un dressage avec un collier. Il faudrait y consacrer un livre entier. Il s'agit simplement de bien comprendre le principe de fonctionnement.

1 Le collier doit être pour le chien synonyme de travail, et donc de plaisir, et non de contrainte. Le chien qui a reçu un dressage au collier réussi fête cet outil comme il fête les bottes ou le fusil de son maître.

2 Le principe de base repose sur l'efficacité d'une sanction immédiate lorsque le chien est en faute. Le chien s'enfuit, le maître le rappelle ; si le chien persiste, le maître déclenche le collier lorsqu'il est sûr que l'élève n'est pas en train de remonter une émanation.

3 Une fois que l'on est sûr que le chien est passionné, on peut utiliser un collier pour assurer l'arrêt, mais seuls les modèles permettant de graduer l'impulsion peuvent être ainsi utilisés.

4 La poursuite d'un gibier à poil, comme un lièvre surpris au gîte, est une bonne occasion de donner au chien une leçon fort profitable. L'efficacité du collier dans ce genre de circonstances est étonnante.

5 En action de chasse, le collier peut être porté à titre préventif, simplement pour montrer au chien qu'il est là. Le maître sera, lui, plus enclin à laisser l'initiative à son chien, sûr de pouvoir le rattraper lorsque la situation l'exigera.

Refuser le progrès ?

On peut être contre le collier de dressage électronique, mais le fait est là : il se vend chaque mois de par le monde des dizaines de milliers de colliers de la sorte. Aussi, le plus sage semble être d'apprendre aux personnes qui l'on acheté à s'en servir plutôt que d'essayer de leur démontrer qu'elles ont fait une bêtise. Un tel achat intervient en effet souvent lorsqu'un propriétaire s'est trouvé désarmé devant les réactions de son chien et parce que les méthodes plus traditionnelles n'ont pas répondu à ses besoins.

Leçon 16

Punitions et récompenses

La carotte et le bâton ne servent pas qu'à faire avancer un âne! L'équation punitions-récompenses est à la base de tout dressage réussi. Pour autant, il faut respecter une règle simple: à l'excès, l'une et l'autre se révèlent toujours à la longue totalement inefficaces. Alors, de la mesure...

1 La punition corporelle la plus efficace est sans conteste de soulever un chien par la peau et de lui «secouer les puces»! En effet, perdre ses repères au sol panique littéralement le chien. Il se souviendra longtemps de sa terreur. Et de plus, ce n'est pas blessant...

2 Toutefois, pour le chien, la sanction la plus efficace reste toujours le maître qui se fâche «tout rouge». Rajoutez-en, car le chien fait surtout attention au timbre de votre voix et c'est un grand émotif, même s'il joue les durs.

3 **La récompense la plus efficace est un gros câlin volubile, avec force félicitations. Là encore, ce qui compte, c'est le timbre de la voix. N'hésitez pas non plus à en rajouter, à faire dans le théâtral. Le chien est un cabot...**

4 **La récompense aide souvent beaucoup à faire comprendre en cours de dressage qu'une leçon est bien effectuée. À utiliser sans en abuser, sous peine de faire un chien de cirque, ce qui n'est pas le but recherché.**

Même pas mal!

J'étais un jour à la chasse à la bécasse. L'une des clochettes se taît soudain. Un arrêt? Non, le chien revient vers moi. La clochette, elle, est pliée comme du papier. Il s'agit pourtant d'un métal très résistant. J'imagine, rétrospectivement, la violence du choc qui s'est produit, probablement sur un tronc d'arbre. Les chiens sont durs à la douleur, bien plus que nous. Inutile de battre un chien comme plâtre. Ça ne sert à rien, et il pourrait vous répondre, comme un mauvais garnement : «Même pas mal!».

5 **«Tu la vois cette récompense, et bien tu ne l'auras pas car tu n'as pas fait ce qu'il fallait». Inutile de le dire, le chien comprendra très bien le sens profond de votre geste...**

Leçon 17

Parler à son chien

Un chien comprend un grand nombre de choses, mais il semble qu'il perçoive le ton de la voix plutôt que le sens des mots. Certes, des ordres simples du type « Assis », « Down », etc., sont assimilés au bout de quelques séances, mais il est inutile d'engager de longues discussions avec son chien en espérant qu'il en saisira quelque chose. Le langage avec un chien respecte des codes assez simples.

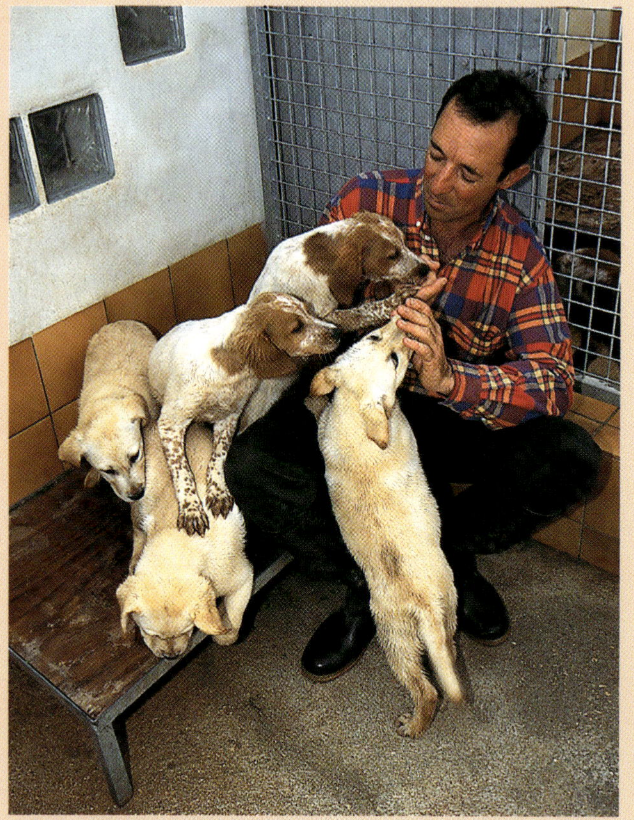

1 La socialisation des chiots est une phase cruciale pour l'éleveur. C'est avant l'âge de deux mois que le chiot va s'habituer à la présence de l'homme, s'en imprégner, un peu à l'image des oies de Konrad Lorenz. Négligez cette phase, et il y a fort à parier que, durant toute leur vie, les chiens craindront l'humain.

2 Les félicitations du chien lors d'une leçon bien exécutée ont une importance que les dresseurs novices sous-estiment souvent. Il faut pourtant faire du cinéma, en rajouter, car les chiens y sont au moins aussi sensibles qu'à une friandise.

3 **Un ordre doit toujours être précédé du nom du chien. « Médor, assis ». Ainsi, il est sûr que l'on s'adresse à lui et l'énoncé de son nom fixe son attention.**

4 **Outre la voix, il existe le sifflet, pratique car portant loin, et le geste, visible de loin. Ici, le dresseur intime le « down » à l'aide d'un coup de sifflet long et du bras levé.**

5 **Mais il est vrai qu'un chasseur a toujours de bons souvenirs de chasse à raconter à son chien, et les *Propos d'un vieux chasseur de coqs* sont une source inépuisable de complicité entre l'homme et le chien...**

Merci à Max Carli et Jean-Paul Koumchasky pour avoir autorisé la reproduction des séances de prise de vue réalisées chez eux.

Conseils pratiques

Vivre avec son chien

La décision est prise. Fini la chasse sans chien, en se rapprochant d'un ami qui en a un, même s'il n'est pas bon ; fini ce sentiment de manque, de n'être qu'une moitié de chasseur. Vous allez acheter un chien de chasse. Mais cet acte va bien au-delà de la pratique de la chasse durant trois ou quatre mois. Acquérir un chien revient à transformer sa vie de façon durable.

Comment le nouveau venu sera-t-il accueilli dans le cercle familial, fait-il l'objet d'un consensus ou est-il le résultat d'une âpre négociation ? Ces questions évacuées, il faut envisager les aspects techniques, pratiques, voire franchement ménagers. Il faudra le sortir trois fois par jour, le faire courir, prévoir un « préposé » pour la nourriture, lui allouer une place dans la maison ; il faudra aussi évaluer les contraintes liées aux vacances, l'éventualité d'avoir à lui trouver une pension. Sans oublier l'aspect financier : un chien représente des dépenses importantes... Bref, acheter un chien ne peut se résumer à entrer dans un magasin pour demander « combien pour ce chien dans la vitrine ? ».

Il faudra ensuite apprendre à vivre avec lui, en lui apportant tout ce que sa nature réclame. On entend souvent dire « mon chien est heureux ». Il s'agit en fait d'une notion bien humaine qui ne correspond pas du tout au chien. Seriez-vous heureux de patauger dans la boue pendant une heure en plein hiver, sous la pluie, ou de manger tous les jours exactement la même chose ? Le chien, lui, a un certain nombre de besoins, dont ceux-ci. Bien s'occuper de son chien, c'est comprendre ce dont il a besoin et s'en rapprocher au mieux. Dès lors, plutôt que de bonheur, il faudrait parler de bien-être.

Reste encore la santé du chien. Il n'est pas question de se substituer au vétérinaire mais plutôt de pratiquer l'hygiène et la prévention de base qui doivent permettre à l'animal de vivre le plus longtemps possible, dans les meilleures conditions possibles.

Une fois toutes ces questions réglées, et à ce moment seulement, il sera possible de s'occuper de l'aspect « chasseur » de son nouveau compagnon ; la cerise sur le gâteau, en quelque sorte.

Un chiot Épagneul breton, craquant à voir et... usant à vivre !

Faire le bon choix

Choisir un chien est un acte grave dans la vie d'un chasseur. Celui-ci détermine en effet le bon déroulement de sa passion pour les dix ou douze années à venir. Or, on rencontre encore trop souvent des chasseurs nantis d'un chien totalement inadapté, ou parfaitement incapable, et gâchant par là même ce qui devrait constituer l'un des grands plaisirs de leur vie. Pour éviter ce genre de «ratage» lourd de conséquences, il faut avant tout ne pas céder à un coup de tête en achetant le premier chien venu ou, pire, en recueillant dans son entourage un chiot d'origine indéterminée. Une fois adulte, ce chien n'a que très peu de chances de satisfaire convenablement son maître.

Avez-vous réellement besoin d'un chien d'arrêt ?

Nous sommes le plus souvent spécialisés dans un type de biotope, auquel correspond aussi fréquemment une façon particulière de pratiquer. Le gibier recherché n'est pas non plus le fruit du hasard. Seule une réflexion approfondie sur ces différents critères doit permettre de choisir une race plutôt qu'une autre. Le travail ne s'arrête pourtant pas là. Il faudra ensuite sélectionner les bonnes origines, puis choisir entre mâle ou femelle, chiot ou adulte, et enfin se déterminer sur un individu particulier.

Un point essentiel doit être pris en compte : toutes les chasses ne sont pas adaptées au chien d'arrêt. Afin de donner la mesure de son savoir, et quelle que soit la race, un chien d'arrêt doit disposer d'un minimum d'espace pour pouvoir étendre sa quête. Le chasseur suit son chien et sert son arrêt. Chasser à vingt en ligne sur quelques dizaines d'hectares, comme cela se pratique en France sur de nombreux territoires, est à réserver à d'autres races, tels les spaniels qui font voler le gibier sans jamais s'éloigner du chasseur. Vouloir faire entrer dans ces lignes de chasseurs un chien d'arrêt ne peut qu'amener la réprobation du groupe devant un sujet qui, par sa rapidité et son amplitude de quête, dépassera grandement les limites et nuira à l'efficacité de l'ensemble. De même, un chasseur américain, par exemple, chassant surtout le gibier d'eau dans les marais du sud-est de son pays, aura tout intérêt à se munir plutôt d'un retriever, dont le rapport et l'affût constituent les spécialités.

La polyvalence des continentaux

Une fois cette question réglée, la première étape dans le choix d'un chien d'arrêt est de se fixer sur une race. Et pour cela, il faut commencer par les deux grandes familles de chiens : les races européennes dites continentales, ou les races européennes dites britanniques. Les premières proviennent principalement de deux grands groupes correspondant à deux façons de chasser : la manière allemande et les autres. En Allemagne, la chasse est une affaire sérieuse. Le chasseur opère le plus souvent seul ou en petit comité sur un territoire dont il a la responsabilité entière. À lui la lutte contre le braconnage ou les animaux car-

Un chiot n'est pas un jouet ! Un principe bien difficile à faire accepter à des enfants. Ici, un Braque allemand.

Les dangers de la mode

Un autre risque à écarter du choix : les races dont une part importante des effectifs est détenue par des non-chasseurs. L'existence de trop nombreux élevages destinés à produire uniquement des chiens de compagnie risque d'influer sur l'efficacité globale de la race, car les mélanges entre lignées de travail et de beauté sont toujours possibles.

nivores, le piégeage, le tir du grand comme du petit gibier. Les races de chiens germaniques ont donc été créées dans cette optique. Il en résulte pour les sujets qui en sont issus une grande polyvalence. Bien sûr, tout propriétaire d'un tel chien n'en demandera pas autant, mais celui-ci se caractérisera d'abord et avant tout par une grande aptitude à recevoir un dressage très diversifié et très poussé, d'une grande rigueur et d'une grande exigence.

Dans les autres pays d'Europe continentale, les races de chiens ont plutôt été créées en fonction des biotopes sur lesquels opéraient les chasseurs locaux. C'est ainsi qu'est née la longue cohorte des Épagneuls et Braques dits « de terroir » en France, mais aussi, dans une moindre mesure, en Espagne et en Italie. Ces chiens, eux aussi très polyvalents, répondaient surtout au désir de leur maître de pouvoir tout chasser avec le maximum d'efficacité sur un terrain donné. L'aptitude au dressage laisse ici place à l'adaptation. En résumé, il est possible de dire que les chiens d'arrêt dits continentaux sont avant tout des polyvalents capables de s'adapter à un grand nombre de situations différentes. Tout cela s'entend bien sûr par opposition à ce qui a prévalu à la naissance des quatre races de chiens d'arrêt britanniques.

La spécialisation des chiens britanniques

Les chasseurs de Grande-Bretagne utilisent depuis longtemps de nombreuses races de chiens distinctes pour pratiquer différentes chasses : des chiens courants pour le renard, d'autres pour le lièvre, des terriers pour la régulation des nuisibles, des retrievers pour rapporter le petit gibier tiré, des spaniels pour lever le gibier dans les fourrés. Les chiens d'arrêt, eux, furent toujours réservés au seul travail de recherche d'oiseaux difficiles comme

Ne demandez pas à ce Braque d'Auvergne de chasser comme un Pointer ; à chacun son style.

Mâle ou femelle ?

Le dernier critère de sélection, et le plus subjectif sans doute, est le choix du sexe. Il existe à ce sujet presque autant de théories que de propriétaires de chiens, et toutes ou presque sont fausses ! Une seule certitude : la femelle est en chaleur deux fois par an, avec tous les inconvénients que cela comporte, mais aussi avec l'immense joie d'avoir un jour une portée à la maison. Le reste ne relève que de questions d'attirance personnelle. Certains chasseurs s'entendent mieux avec un sexe, certains avec l'autre.

la grouse ou la perdrix grise dans les grands espaces, à l'exception de tout autre gibier. Il ne serait jamais venu à l'esprit d'un *sportsman* de demander à son Pointer de rapporter un canard en étang, de pousser un lapin, ni d'arrêter un faisan au bois ; et encore moins d'étrangler un renard ou de suivre la piste d'un cerf comme un chien d'arrêt allemand ! Pour trouver les rares compagnies de grouses dans les étendues de bruyère de l'Écosse, il faut un chien qui va vite, pour ne pas laisser le temps au gibier de le voir venir et de s'enfuir. Il faut aussi un chien qui va loin, car il n'y a pas un oiseau tous les cents mètres dans cet océan de végétation rase et sans obstacle. Au fil des décennies, les éleveurs britanniques ont donc sélectionné des chiens sur ces critères, ce qui se retrouve aujourd'hui dans le style de ces races. On voit donc clairement la différence de conception : polyvalent d'un côté de la Manche, spécialiste de l'autre. Les chiens d'arrêt britanniques sont donc des chiens à réserver exclusivement à la quête d'un gibier à plume, rare et difficile.

Un premier niveau de sélection est ainsi défini. Pour avoir un chien polyvalent et à forte capacité de dressage, on choisira une race allemande ; pour un chien polyvalent, à forte capacité d'adaptation, un français ou un italien ; pour un chien spécialisé dans la quête d'oiseaux rares et difficiles, un anglais. Bien sûr, il est possible de faire chasser la grouse à un Drahthaar, le lapin à un Setter ou le renard à un Épagneul. Sans doute même, certains sujets s'en tireront honorablement ; mais ils seront moyens, dans le meilleur des cas. Par contre, en choisissant une catégorie parfaitement adaptée au type de chasseur que l'on est, on peut espérer avoir un chien exceptionnel, capable d'effectuer un travail époustouflant de brio et d'efficacité. Là réside le seul vrai plaisir de la chasse au chien d'arrêt.

Les modernes et les anciens

Une fois qu'il a déterminé un type de chien, le candidat acquéreur doit encore faire le choix de la race proprement dite. Pour ce faire, il s'agit surtout d'être logique. Certaines races sont omniprésentes sur le terrain, de très nombreux chasseurs les ayant choisies. Soyez sûr qu'il s'agit des meilleures, celles qui ont su évoluer au fil des décennies en fonction de l'évolution des biotopes et du gibier. On ne chasse plus aujourd'hui comme il y a vingt ans. Les paysages ont changé et le gibier est devenu plus méfiant. Les générations successives de chasseurs ont su sélectionner les races les plus efficaces. D'autres races sont restées sur le bord du chemin ou connaissent actuellement un abandon progressif. Ce n'est pas un hasard, mais en quelque sorte le fruit d'une sélection naturelle à laquelle on aurait bien tort de ne pas se fier. Choisir pour chasser une race confidentielle, c'est peut-être se distinguer, mais c'est aussi prendre un risque. Le nombre de géniteurs dans cette race étant faible, les éleveurs ont l'obligation d'utiliser pour la reproduction tous les sujets ou presque afin d'éviter la consanguinité. Il n'y a donc pas réellement de sélection pointue des meilleurs sujets, et la production s'en ressent fatalement. Dans une race à très fort effectif, les éleveurs peuvent mener une sélection portant sur des chiens ayant vraiment surpassé un grand nombre de leurs congénères, ce qui est une garantie supplémentaire.

Choisir son chien

Il reste encore à sélectionner l'élevage d'où sera issu le futur compagnon. À cette étape, les clubs de race s'avèrent les alliés les plus précieux. Ce sont eux qui orienteront le choix, en fournissant la liste des étalons et des lices recommandés car ayant remporté le plus grand nombre de concours de travail. Il ne faut pas hésiter non plus à faire des kilomètres pour voir évoluer les parents potentiels du futur chiot sur le terrain, à l'occasion d'un field-trial; ni à demander aux clubs de race des explications sur telle ou telle récompense, tel ou tel chien.

Un principe reste en tout cas valable: qui peut le plus peut le moins. Des géniteurs très récompensés ne doivent pas faire peur à quelqu'un qui cherche uniquement un compagnon de chasse. Il est toujours plus facile de calmer les ardeurs d'un sujet trop passionné que de motiver un sujet «tiède» et quelque peu timide.

D'autres critères restent encore à examiner: faut-il préférer un chien adulte, un jeune débourré ou un chiot? Les trois ont leurs avantages. Un chiot pourra nouer dans sa petite enfance des liens solides avec son maître. Ce dernier développera une grande compréhension intuitive avec lui et aura en outre la joie de le voir évoluer tout en le dressant à son goût. Inconvénient: il est bien difficile de déterminer dans une portée quel sera le futur crack au milieu d'une masse grouillante de boules de poils. Qui pourrait dire dès la maternelle quel enfant fera une brillante carrière? D'où la possibilité d'acheter un chien débourré, c'est-à-dire de moins d'un an, mais ayant déjà fait preuve d'efficacité sur le terrain. Il reste à le dresser, mais les capacités sont là. Encore jeune, ce chien est très malléable et peut ainsi recevoir un dressage «à la main» de son futur patron. Encore faut-il pouvoir le dresser, avoir le temps et les terrains nécessaires pour mener à bien cette entreprise quelque peu fastidieuse. Car si le chien est ensuite confié à un dresseur professionnel, autant acheter un adulte, déjà parfaitement dressé. En ce cas, l'investissement, bien que conséquent, sera tempéré par le fait qu'il couvrira toutes les dépenses (nourriture, logement, vétérinaire, dressage) du chien pendant plus d'un an de sa vie. L'adaptation de ce chien à sa nouvelle vie sera certes un peu délicate, mais le jeu en vaut souvent la chandelle car le chasseur sait ainsi exactement quel chien il acquiert et peut l'utiliser immédiatement sur le terrain.

PEUGEOT

Quelques conseils vétérinaires

Le chien d'arrêt n'est pas un outil dont le chasseur ne se servirait que durant la période de chasse pour le ranger ensuite jusqu'à l'année suivante. Vivre avec son compagnon à quatre pattes implique un engagement douze mois sur douze, dont le point crucial est le maintien en bonne santé de l'animal. Il n'est pas question ici de remplacer les vétérinaires, mais de connaître le B.A.-Ba permettant d'apporter au chien un confort de vie optimal.

L'alimentation : vive l'industrie !

Les règles à connaître sont simples et dépendent pour beaucoup du pur bon sens. Ainsi, dans le domaine de l'alimentation, de nombreux propriétaires de chiens se font un devoir d'acheter de la viande fraîche, qu'ils accompagnent ensuite de carottes et de riz afin, pensent-ils, de donner la meilleure alimentation possible à leur compagnon. En réalité, cela revient très souvent à faire une erreur. Les besoins du chien en protéines, en fibres, mais aussi en vitamines, sels minéraux et autres sont bien spécifiques. Établir une recette artisanale incluant tous les éléments nutritifs essentiels demande de grandes connaissances que pratiquement personne ne possède. Donner au chien une nourriture dite « ménagère » revient donc souvent à lui fournir une alimentation déséquilibrée, comportant à la fois des excès et des carences. Par contre, les aliments industriels de marques reconnues pour leur sérieux sont élaborés dans le respect de tous les besoins qu'il convient de respecter. Ce raisonnement est valable pour les aliments dits « secs » (les croquettes) comme pour les aliments dits « humides » (les boîtes). Il est vrai que ces derniers représentent une dépense plus importante et une logistique plus contraignante pour un chien de grande taille. Le choix de l'aliment se fera en fonction de l'activité quotidienne du chien. En dehors des cas spécifiques du chiot ou de la femelle allaitante, le propriétaire s'habituera vite à l'apparence de son chien et notera tout de suite un changement dans sa corpulence. Il diminuera donc la quantité d'aliments afin que le poids du chien ne joue pas au yoyo entre le printemps et l'automne. Il ne faut pas oublier que 30 % des problèmes de santé de nos chiens modernes proviennent d'une suralimentation.

Le chiot

Le jeune chien, en pleine croissance, doit recevoir une alimentation adaptée. Il construit son squelette en un an, ce qui est prodigieusement rapide. Inutile de faire des économies, optez pour le meilleur aliment spécifique pour chiot. De même, il ne faut pas hésiter à le vermifuger régulièrement, car neuf chiots sur dix ont des parasites internes. Encore fragile, le chiot est en pleine formation osseuse et musculaire jusqu'à un an. Il est donc conseillé d'éviter tout effort violent, et surtout prolongé, pendant ce temps. Les lésions pourraient être irrémédiables. Enfin, le mieux étant l'ennemi du bien, certains propriétaires de chiots ajoutent à sa ration quotidienne de multiples compléments, en calcium en particulier. Or l'apport excessif de calcium risque d'entraîner de graves problèmes articulaires.

La nourriture sera distribuée en un ou deux repas dans la journée. Il faut naturellement toujours veiller à ce que le chien dispose d'eau fraîche pour compenser l'effet des croquettes déshydratées. Certains maîtres préfèrent réhydrater les aliments secs avant de les donner. C'est une affaire de choix mais, dans ce cas, il faut verser de l'eau tiède au moins un quart d'heure avant de donner la gamelle, car les croquettes dégagent des gaz au contact de l'eau. En période de travail, la ration sera bien sûr augmentée, tous les jours, et non pas uniquement le jour de la chasse. Par contre, avant le départ pour une dure journée de travail, le chien pourra recevoir le matin un peu de sucre lent lui permettant de mieux supporter l'effort intense qu'il devra fournir, par exemple sous forme d'une poignée de pâtes cuites.

L'hygiène, à ne pas négliger

Mais l'alimentation n'est pas le seul devoir du propriétaire de chien. Il doit aussi veiller à donner les soins d'hygiène minimums. Ainsi, les oreilles des chiens d'arrêt sont toujours tombantes. Cette caractéristique favorise de nombreux problèmes auriculaires. Le plus fréquent est sans doute l'introduction involontaire d'épillets (sortes de graines de céréales sauvages) dans le conduit auditif. Ce corps étranger, recouvert de minuscules écailles, s'enfonce un peu plus à chaque mouvement et peut entraîner de graves lésions. Seule une inspection minutieuse au soir de chaque sortie estivale permet de prévenir ce problème. On pourra aussi raser l'intérieur des oreilles, afin de ne pas favoriser les emmêlements, qui « aident » l'épillet à rentrer. Les oreilles doivent de toute façon être régulièrement nettoyées pour pré-

Faut-il laver son chien ?

Le pelage ne doit être lavé que lorsqu'il est sale ou dégage une forte odeur, car il est recouvert d'une sécrétion grasse qui protège efficacement le chien contre diverses attaques extérieures. Lorsque le lavage est nécessaire, il ne faut utiliser que des shampooings spécifiques pour chiens : le pH de leur peau est différent du nôtre et les produits destinés aux humains risquent de les irriter ou, pire, de déclencher des réactions allergiques. L'eau utilisée doit être tiède. Il faut ensuite veiller à sécher le chien avant de lui permettre de sortir.

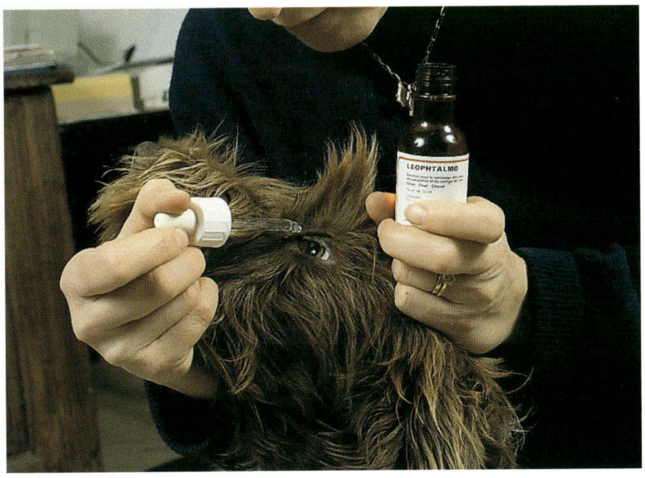

venir la formation d'otites. Il faut le faire à l'aide d'un morceau de coton enroulé autour d'un doigt mais éviter les Cotons-Tiges, qui poussent les bouchons dans le conduit.

Une autre zone sensible : la bouche. Trois chiens adultes sur quatre souffrent de problèmes dentaires. Le seul moyen de les éviter est le brossage régulier. Le chiot doit être habitué tout jeune à se faire délicatement brosser les dents plusieurs fois par semaine, afin de ne pas avoir ensuite de problèmes à l'âge adulte. Il faut savoir que le fait de manger des croquettes ne diminue pas de façon significative la formation de la plaque dentaire, pas plus que de ronger des os. D'autre part, certains propriétaires de chien préfèrent leur frotter les dents avec un doigt en caoutchouc ; l'emploi de la brosse reste plus efficace.

Regardez-le : il vous parle

Pour le propriétaire de chien attentif, il existe toute une gamme d'observations qui permettent de s'assurer de la bonne santé de l'animal et de réagir rapidement à une dégradation. Le premier signe est sans conteste l'appétit. Un chien qui perd l'appétit doit immédiatement faire l'objet d'une surveillance. S'il est établi qu'il ne se nourrit pas subrepticement par ailleurs, la perte de l'appétit traduit toujours un trouble. Deuxième signe d'alerte : les urines. Si elles sont trop abondantes, et surtout si elles changent de couleur, virant au brun ou au rouge, il faut s'inquiéter. Les crottes sont également à surveiller. Un changement durable dans la couleur, et surtout la texture, doit être pris au sérieux. La colique peut avoir des causes bénignes, comme un changement d'alimentation, ou beaucoup plus graves, comme une gastro-entérite. La température du chien est aussi un très bon indicateur. Elle se situe normalement autour de 38,5C° et se contrôle par voie rectale. La truffe fraîche et humide, malgré la croyance populaire, ne constitue absolument pas un critère de contrôle fiable car, soumise au vent et à la température extérieure, elle subit bien trop d'aléas.

Enfin, plus généralement, le propriétaire d'un chien doit toujours l'observer attentivement. Il pourra déceler une boiterie, même bénigne, mais aussi s'apercevoir d'un changement d'humeur du chien qui peut, sous le coup d'une maladie, chercher à s'isoler, refuser le contact ou le jeu, apparaître abattu. Dans tous les cas, si doute il y a, la consultation vétérinaire est de règle et les observations du maître attentif seront toujours d'un grand secours à l'homme de l'art.

La vaccination

De nombreuses affections autrefois mortelles pour le chien ont aujourd'hui quasiment disparu dans les pays industrialisés grâce à la vaccination. Maladie de Carré, parvovirose, leptospirose, hépatite, et surtout la rage font l'objet d'une primo-vaccination du chiot à sept semaines, suivie de rappels réguliers tout au long de la vie du chien. Il est à noter que les vétérinaires ont observé en France un retour de la maladie de Carré, dû à la négli-

Tiques et puces

La tique est un parasite externe se fixant sur la peau du chien pour se nourrir de son sang avant de se laisser tomber pour pondre. Cet acarien est en outre susceptible de transmettre certaines maladies graves, comme la piroplasmose ou, chez l'homme, la maladie de Lime. Pour s'en débarrasser, les laboratoires ont mis au point toute une batterie de produits efficaces qui relèguent le collier anti-parasitaire au rang des antiquités. Signalons toutefois qu'aucun de ces produits, dont l'efficacité est longue (parfois plusieurs semaines), ne dispense le maître d'examiner régulièrement son chien. S'il décèle une tique, il pourra éventuellement la retirer avec une pince à tique très efficace que l'on trouve dans le commerce.

Pour la puce, le problème est différent. Elle ne risque pas en effet de transmettre des maladies aussi graves que la tique. Mais elle est à l'origine de démangeaisons douloureuses, voire de réactions allergiques et dermatologiques parfois importantes. Là encore, l'industrie pharmaceutique à mis récemment au point des produits d'une grande efficacité, permettant de traiter durablement le chien mais aussi son environnement, qui abrite souvent les œufs.

gence des rappels par de nombreux propriétaires. Il existe une période dangereuse pour le chiot, qui ne peut être vacciné dès sa naissance. En effet, il possède alors les anticorps de sa mère, transmis par le colostrum, qui rendent les vaccins inefficaces. Ensuite, cette immunité disparaît et le sujet peut être vacciné. Le vaccin contre la rage, terrible maladie qui ravageait l'Europe jusqu'au XIXe siècle, est obligatoire dans un certain nombre de pays, ainsi que pour voyager d'un pays à l'autre. Il n'est légal qu'avec un certificat faisant mention du numéro de tatouage du chien. Chaque année, le rappel doit être effectué à date fixe, car un dépassement rendrait obligatoire la reprise de tout le processus de vaccination, soit une primo-vaccination, qui ne devient effective légalement qu'un mois après l'injection.

La vermifugation

Il existe dans la nature un grand nombre de parasites internes capables de s'attaquer à l'organisme du chien. Il est donc nécessaire de vermifuger l'animal deux fois par an pour le protéger. Cette vermifugation doit être beaucoup plus fréquente chez le chiot (tous les mois jusqu'à six mois). Il est à noter que toutes les infections par des parasites ne sont pas visibles pour l'homme. Certes, le taenia adulte laisse échapper des œufs en forme de grains de riz que l'on retrouve dans les crottes, mais d'autres parasites ne sont pas décelables. Pire, certains sont transmissibles à l'homme.

Adresses utiles

Les Clubs de race français

Cercle des amateurs du Braque de Weimar
Georges Lombart
676 rue Roger-Salengro
59263 Houplin-Ancoisne
Tél. : 03 20 32 65 92

Club de l'Épagneul breton
Léon Le Louët
1 route de Saint-André
27220 Mousseaux-Neuville
Tél. : 02 32 37 56 55

Club de l'Épagneul français
Serge Hamel
Le Pic
24660 Notre-Dame-de-Sanilhac
Tél. : 05 53 07 62 17

Club de l'Épagneul picard, du Bleu de Picardie et de l'Épagneul de Pont-Audemer
Joël Mailly
9 rue de Combles
80360 Guillemont
Tél. : 03 22 85 01 82

Club du Braque du Bourbonnais
Michel Comte
385 avenue Beauséjour
83700 Saint-Raphaël
Tél. : 04 94 95 36 28

Club du Braque français et Club du Braque de l'Ariège
M. Ceriana
Allée Jean-Aicard
Clos Mireille
13400 Aubagne
Tél. : 04 42 03 11 99

Club du Braque Saint-Germain
Maurice Hermel
Le Coteau du Valais
85200 Mervent
Tél. : 02 51 00 23 79

Club du Griffon d'arrêt à poil dur Korthals
Claude Rochebeuf
41210 Neung-sur-Beuvron
Tél. : 02 54 83 64 47

Club du Setter anglais
Jean-Marie Pilard
La Macaille
Goven
35580 Guichen
Tél. : 02 99 42 11 50

Club français de l'Épagneul de Münster et du Langhaar
M. Ohl
210 chemin des Costières
Les Violettes
30127 Bellegarde
Tél. : 04 66 01 69 62

Club français du Braque allemand
René Gerlet
Route de Graye-sur-Mer
14480 Sainte-Croix-sur-Mer
Tél. : 02 31 22 29 34

Club français du Braque hongrois
Jean-François Marquet
Ferme d'Aumeau
28250 Digny
Tél. : 02 37 29 09 14

Drahthaar Club de France
Robert de Clercq
8 rue des Jardins-de-l'Église
95590 Nointel
Tél. : 01 34 70 92 50

Pointer Club de France
Jean-Claude Darrigade
Étang Blanc
40510 Seignosse-le-Penon
Tél. : 05 58 77 04 99

Red Club
Claude Roullier
16 rue de la Croix
95300 Unnery
Tél. : 01 30 38 08 85

Réunion des amateurs de Braques d'Auvergne
Claude Hugueny
13 rue du Général-de-Gaulle
57220 Boulay
Tél. : 03 87 57 35 01

Réunion des amateurs de Setters Gordon
Jacques Bellard
20 rue Ausone
33370 Sallebœuf
Tél. : 05 56 21 91 27

Dresseurs de chiens d'arrêt

Daniel Pajan
Domaine des Brevonnes
01390 Monthieux
Tél. : 04 72 26 43 42

Frédéric Herbelin
Pont-Saint-Mard
02380 Coucy-le-Château
Tél. : 03 23 52 72 37

Jacques Pelletier-Jippon
Les Berthaumiers
03390 Montmarault
Tél. : 04 70 07 88 73

Marc Pompa
Route du Mont-Chauve
06950 Falicon
Tél. : 04 93 52 30 28

Pascal Bardon
Centre Canin de Turcat
11170 Montolieu
Tél. : 04 68 24 87 67

Jean-Marie Lambel
Chenil du Gourg d'Enfer
Gavernac
12340 Bozouls
Tél. : 05 65 48 83 00

Max Carli
Route d'Aureille
Le Coussou
13890 Mouriès
Tél. : 04 90 47 56 65

Alain Simon
Chenil du Clos de la Haie
Route des Bruyères
14410 Pierres
Tél. : 02 31 67 98 37

Xavier Thibault
Chenil Le Petit Page
RN 10 Maine-de-Boixe
16230 Mansle
Tél. : 05 45 20 35 83

Philippe Dalle
L'Île de la Mazarine
17430 Tonnay-Charente
Tél. : 05 46 99 22 48

Loïc Pressac
Saint-James
17360 La Barde
Tél. : 05 46 04 88 79

Nicolas Bernard
Chenil de la Grange
19200 Saint-Pardoux-le-Vieux
Tél. : 05 55 72 42 63

Jean-Michel Sourie
Vaux
19330 Saint-Germain-les-Vergnes
Tél. : 05 55 29 38 04

Hervé Bourdon
Goarem-Maout
Bulat-Pestivien
22160 Callac
Tél. : 02 96 45 75 62

Yves Joncour
Kervéguen
22160 Callac
Tél. : 02 96 45 59 22

Guy Morin
Rest Guen Vian
22160 Callac
Tél. : 02 96 45 51 24

Patrick Morin
Rue de la Gare
22160 Callac
Tél. : 02 96 45 57 99

Daniel Bournisien
Commeaux
23230 Bord-Saint-Georges
Tél. : 05 55 65 76 70

Bernard Faussurier
Les Grandes Origines
Saulce-sur-Rhône
26270 Loriol
Tél. : 04 75 63 06 19

Emmanuel Bourgeois
La Morlière
28480 Thiron-Gardais
Tél. : 02 37 49 52 63

Roger Cathala
Le Carreau
28310 Beaudreville
Tél. : 02 37 99 53 56

Roger Fougerat
Le Gué Maimbre
28410 Saint-Lubin-de-la-Haye
Tél. : 02 37 82 06 51

Michel Piscitelli
29170 Plovézet
Tél. : 02 98 91 31 51

Hervé Demêtre
Chemin des Plaines
30580 Lussan
Tél. : 04 66 72 94 89

Gérard Dorbes
La Tuilerie
31220 Mondavezan
Tél. : 05 61 90 33 59

André Milhau
Le Moulin Les Raselles
Pension de Malause
31510 Sainte-Foy-d'Aigrefeuille
Tél. : 05 61 83 71 76

Jean-Paul Grasseau
Chemin de Poulange
33114 Le Barp
Tél. : 05 56 88 29 54

Jacky Robin
Chenil de la Perdrisette
Labarthe
33580 Cours-de-Monségur
Tél. : 05 56 61 84 81

Philippe Ruault
Chasse de Roussat
33610 Pierroton-Cestas
Tél. : 05 56 22 20 00

Christian Villain
Izon
33450 Saint-Loubès
Tél. : 05 57 84 90 75

Jean-François Hemond
34160 Saussines
Tél. : 04 67 86 56 66

Bernard Chauveau
L'Hippodrome
36290 Saint-Michel-en-Brenne
Tél. : 02 54 38 11 64

Pascal Ligerot
Chenil de l'Orme à la Rose
36400 Thévet-Saint-Julien
Tél. : 02 54 30 04 56

Jean Esquirol
Chenil de Balthazar
Route de Dax
40260 Castets
Tél. : 05 58 89 47 93

Laurent Marchesi
Le Champ-Neuf
40410 Liposthey
Tél. : 05 58 82 39 73

Mathieu Marchesi
Le Champ-Neuf
40410 Liposthey
Tél. : 05 58 09 50 09

Serge Rouby
Route de Birbe
Gouaillard
40090 Uchacq-et-Parentis
Tél. : 05 58 06 25 51

André Crestani
La Pierre
41130 Gièvres
Tél. : 02 54 98 61 51

Patrice Perrot
La Petite Lande
41210 Saint-Viâtre
Tél. : 02 54 83 61 00

Jean-Pierre Rolland
49 rue Basse des Grouëts
41000 Blois
Tél. : 02 54 74 68 18

René Convers
La Tuillière
42600 Chalain-d'Huzore
Tél. : 04 77 97 03 81

Daniel Munini
Noguès
42155 Saint-Jean-Saint-Maurice
Tél. : 04 77 63 37 47

Dominique Guillon
Route de Saint-Moli
44420 La Turbale
Tél. : 02 40 62 80 10

Jean-Charles Mouraud
Le Moulin de Rohanne
44360 Vigneux-de-Bretagne
Tél. : 02 40 57 19 75

Hubert Cathala
Route d'Isdes
Le Brelan
45600 Sully-sur-Loire
Tél. : 02 38 36 36 21

Jean-Pierre Cœurdray
La Bourbonnière
45260 Chailly
Tél. : 02 38 96 20 51

Christian Joseph
Les Hures
45420 Dammarie-en-Puisaye
Tél. : 02 38 29 62 56

Gilles Testard
Chenil de la Souvrière
45270 Nesploy-Bellegarde
Tél. : 02 38 90 27 09

Yvon Juillard
Le Petit Faiteau
49170 Saint-Georges-sur-Loire
Tél. : 02 41 39 37 43

Francis Petit
La Sorinière
Saint-Plancher
50400 Granville
Tél. : 02 33 50 67 21

Jacques Lainé
Ferme des Salzards
51290 Drosnay
Tél. : 03 26 72 58 44

Daniel Provost
Les Mares
Nivillac
56130 La Roche-Bernard
Tél. : 02 99 90 64 83

Paul Raquin
Domaine du Champ-Denot
58250 Lanty
Tél. : 03 86 30 84 90

Joseph Maerten
La Houlette
59236 Frelinghien
Tél. : 03 20 48 84 85

Christian Charron
Rue de l'Église
60480 Muidorge
Tél. : 03 44 81 73 71

Michel Herbelin
Hautefontaine
60350 Cuise-la-Motte
Tél. : 03 44 42 12 02

René Piat
Baugy
60113 Monchy-Humières
Tél. : 03 44 42 47 37

Nicolas Bonneterre
La Simonière
61370 Saint-Pierre-la-Bruyère
Tél. : 02 37 53 93 93

François Boitier Mura
48 route de Barr
67230 Kogenheim
Tél. : 03 88 74 59 38

René Faussurier
Les Petites-Amaries
69830 Saint-Georges-de-Reneins
Tél. : 04 74 67 64 65

Michel Vassenet
La-Rue-Fleurie
69970 Marennes
Tél. : 04 78 96 04 19

Jean-Claude Piat
Le Paré
Chailly-en-Brie
77120 Coulommiers
Tél. : 01 64 04 61 76

Hervé Douzenel
Chenil de Ripenne
Entre Deux Chemins
80135 Oneux
Tél. : 03 22 28 80 83

André Harduin
38 rue Principale
80610 Bettencourt-Saint-Ouen
Tél. : 03 22 51 61 36

Jean-Paul Koumchasky
Saigneville
80230 Saint-Valery-sur-Somme
Tél. : 03 22 24 67 51

Pascal Lempereur
4 rue Georges-Cuvillier
80300 Ovillers-la-Boisselle
Tél. : 03 22 75 46 93

Robert Piaser
Saint-Laurens-de-la-Peyrousse
81800 Grazac
Tél. : 05 63 33 86 00

Patrick Teulières
Puygaillard-de-Quercy
82800 Négrepelisse
Tél. : 05 63 30 46 68

Raymond Teulières
Puygaillard-de-Quercy
82800 Négrepelisse
Tél. : 05 63 67 28 62

Christian Poidevin
Sainte-Eulalie
85490 Benet
Tél. : 02 51 00 96 74

Francis Hervouet
Bel-Air-Lhommaize
86410 Verrières
Tél. : 05 49 42 80 46

Francis Maudet
La Grande-Pièce
Saint-Jean-Ligours
87260 Pierre-Buffière
Tél. : 05 55 00 94 18

José Condado
Chenil de la Mazorra
9586 Nava de Ordunte (Burgos)
Espagne
Tél. : 00 34 947 140 301

Marc Vallois
16 rue du Moulinet
35 Cp 75
1302 Vufleur-la-Ville - Suisse
Tél. : 00 41 217 91 21

Index

Adulte.....165
Afghan.....51
Âge du chien.....165
Airedale Terrier.....77, 78, 80
Alimentation.....167
Allemands (chiens d'arrêt).....72 à 99, 159
Appétit (perte d').....169
Arkwright (William).....14, 16
Arrêt.....130
Arrêt à patron.....146
Assis.....120

Barbet.....95
Barbu tchèque.....103
Bécasse.....17, 23, 33, 86, 108
Bécassier (chien).....46
Bécassine.....17, 23, 33, 57, 64
Bellecroix (Ernest).....22
Bleu de Picardie.....58
Bliard (J.).....29
Bordereau.....22
Bory (Armand).....67
Bouée (Pascal).....34
Bourdon.....44
Braque allemand...63, 75, 77, 82 à 89, 91, 98
Braque Charles X.....64, 69
Braque d'Auvergne.....66 à 67
Braque de Burgos.....13, 64
Braque de Weimar.....90 à 93
Braque du Bourbonnais.....70 à 71
Braque du Portugal.....11, 64
Braque français.....62 à 65, 83
Braque hongrois.....110 à 111
Braque italien.....83, 103, 112 à 113
Braque Saint-Germain.....68 à 69
Britanniques (chiens d'arrêt).....8 à 37, 162

Caille.....62
Callac.....44
Canard.....33, 57, 75, 92, 109
Caniche.....77, 80, 94, 95
Carré (maladie de).....169
Castets.....63
Cathala (Roger).....58
Cerf.....92
Chasse au filet.....11, 41, 51, 64
Chasse au vol.....41, 51, 96, 98
Chaume-Rigault (La).....36
Chevreuil.....75, 86, 92, 93, 99
Chiot.....165, 167, 170
Choix d'un chien.....159
Colin.....23
Colique.....169
Collier de dressage électronique.....148
Condado (José).....14
Coninck (James de).....52
Conseils pratiques.....154 à 171
Conseils vétérinaires.....166 à 171
Cornouaille (de).....44
Couchant (chien).....13, 41, 51
Coulé.....142
Coup de feu (peur du).....132
Courant (chien).....13, 109, 111, 162

Darrigade (Jean-Claude).....16
Davies (révérend).....
Débourré (chien).....165
Dents (brossage des).....169
Deprez.....44
Doberman.....83
Down.....128
Drahthaar.....75, 76 à 81
Dressage.....116 à 153

Eau (rapport à l').....137
Élevage (choisir un).....165
Énaud.....44
Envol (sage à l').....144
Épagneul breton.....42 à 49, 52
Épagneul de Münster.....96 à 97
Épagneul de Pont-Audemer.....60 à 61
Épagneul français.....50 à 55, 57
Épagneul hollandais.....103
Épagneul picard.....56 à 59
Erdelyi (Kalman).....111

Faisan.....33, 75, 92, 109
Field-trial.....14, 17, 23, 37, 58, 86, 165
Fouine.....80, 92
Fournier (abbé).....52
Foxhound.....13
Français (chiens d'arrêt).....38 à 71, 159

Gascogne (Braque de).....63, 64
German Pointer.....75, 83
Gibier d'eau.....42, 57, 80, 94, 105, 107, 159
Gingins (von).....105
Gordon Castle (duc de).....27
Gore (George).....33
Grand gibier.....75, 81, 85, 86, 92, 93, 97, 99
Grassi (Rodolphe).....27
Greller (Fevry).....78

Grey Ghost 91
Griffon Korthals .....80, 104 à 109
Griffon Stichelhaar 75, 77, 105
Grouses 11, 13, 23, 27, 33
Guberti (docteur) 14
Guillaumin 22

Hamilton (duc d') 14
Harduin 44
Harmand (André) 67
Hépatite 169
Herbert (major) 91
Hongrois (Braque) 110
Humphrey (William) 19
Hunter 27
Hygiène du chien 168

Irish Water Spaniel 52, 61
Italiens (chiens d'arrêt) 112, 114, 159

Joncour 44

Kennel Club 16
Keranlouan (de) 44
Kermadec (de) 42, 44
Knight (Howard) 91
Korthals (Edward Karel) 80, 105
Kurzhaar .....82 à 89

Laisse (marche en) 124
Langhaar .....98 à 99
Laver son chien 168
Laverack (Edward) 19, 27, 34
Le Louarn (Pierrick) 51
Leptospirose 169
Lévrier 13, 51
Lièvre 75, 92
Llewellin (Purcell) 19
LOF (Livre des origines français) 22
Loutre 80

Maghyar Vizsla .....110 à 111
Mahon de Castelgar (révérend) 33
Marchand 44
Marche en laisse 124
Martre 92
Mège 44
Moanruad 34, 36
Morin 44
Munsch 42
Münsterlander .....96 à 97

Nash (John) 34

Oberthur 44
Oie 57
Oreilles (problèmes d') 168
Oysel (chien d') 51, 64, 98

Parler à son chien 152
Parvovirose 169
Passion 126
Pearce (pasteur) 29
Perdiguero 13, 103
Perdrix 17, 23, 62, 92
Pilard (Jean-Marie) 22
Pintade 64
Pointant (chien) 13
Pointer .....12 à 17, 63, 64, 67, 69, 77, 80, 94, 95, 113
Pouchain 44
Provost 44
Puces 169
Pudel Pointer .....77, 94 à 95
Punitions 150
Pyrénées (Braque des) 63, 64

Quête (grande) 17
Quête croisée 140

Race (choisir une) 165
Radazerie (La) 36
Rage 170
Rappel 122
Rapport à l'eau 136
Rapport forcé 134
Rapports difficiles 138
Recherche au sang 85, 92, 97, 99, 111
Récompenses 150
Renard 75, 80, 86, 22
Retriever 23, 159, 162
Ryman 19

Sage à l'envol 144
Saint-Tugen 44
Sanglier 92, 93
Santé du chien .....166 à 171
Sarcelle 57, 108
Sebright (Sir J.) 13
Senac-Lagrange 63
Setter anglais .....18 à 25, 52, 58
Setter écossais 27
Setter Gordon .....26 à 31, 58, 61, 98
Setter irlandais .....32 à 37, 98
Sexe (choisir le) 164
Solaro (Giuseppe) 14
Spaniel 42, 43, 61, 159, 162
Spinone .....103, 114 à 115
Stichelhaar 75, 77, 105
Stud Book 16
Symptômes à surveiller 169

Température du chien 169
Tétras 17, 23, 62, 86
Thornton 14
Tiques 169
Tournier (Gilles) 86

Urines (surveillance des) 169

Vaccination 169
Vento (del) 14
Vermifugation 170
Vétérinaires (conseils) .....166 à 171
Vivre avec son chien 157
Vizsla .....110 à 111
Von Royal 36

Walther 94
Warre 105
Weimaraner .....90 à 93
Whitehouse 14

Zelditz (Freiheer von) 94

Achevé d'imprimer en août 2000
sur les presses de Artes Gráficas Toledo
Imprimé en Espagne
Dépôt légal : septembre 2000
D.L.To: 1194-2000